FRANCISCO
O novo João XXIII

José Manuel Vidal
Jesús Bastante

FRANCISCO

O NOVO JOÃO XXIII

Jorge Mario Bergoglio

O primeiro pontífice americano para uma nova primavera da Igreja

EDITORA VOZES

Petrópolis

Direitos de publicação em língua portuguesa – Brasil:
2013, Editora Vozes Ltda.
Rua Frei Luís, 100
25689-900 Petrópolis, RJ
Internet: http://www.vozes.com.br
Brasil

Título original espanhol: *Francisco, el nuevo Juan XXIII – Jorge Mario Bergoglio: el primer pontífice americano para una nueva primavera de la Iglesia.*

Diretor editorial
Frei Antônio Moser

Editores
Aline dos Santos Carneiro
José Maria da Silva
Lídio Peretti
Marilac Loraine Oleniki

Secretário executivo
João Batista Kreuch

Equipe de tradução:
Gentil A. Titton
João Batista Kreuch
Lucia M.E. Orth
Maria Luisa de Abreu Lima Paz
Renata Lima
Ricardo A. Rosenbusch
Sandra Dolinsky

ISBN 978-85-326-4571-5 (edição brasileira)
ISBN 978-84-330-2634-7 (edição espanhola)

Projeto gráfico: Alex M. da Silva
Capa: Desclée De Brouwer S.A.

Editado conforme o novo acordo ortográfico.

Este livro foi composto e impresso pela Editora Vozes Ltda.

“Francisco, restaura a minha Igreja, que ameaça cair em ruínas”

(Cristo, a são Francisco de Assis)

“Ah! Como eu gostaria de uma Igreja pobre e para os pobres”

(Francisco, em seu primeiro encontro com os jornalistas, 16 de março de 2013)

Esta é a crônica de uns dias que marcarão um antes e um depois na história da Igreja. A eleição de Jorge Mario Bergoglio, o primeiro papa americano, o primeiro papa jesuíta, em quinta votação, supõe um desafio de primeira ordem para uma instituição, o papado, acossada pelos escândalos, pelas lutas internas e pela histórica renúncia de Bento XVI. O "pastor cercado de lobos" conviverá com Francisco no Vaticano numa situação inédita em vinte séculos de cristandade.

Nestas páginas oferecemos a vocês, a partir de Roma, o relato de como Bergoglio foi eleito, a emoção dos fiéis, as primeiras surpresas, quais são suas causas, seus desafios e as esperanças da Igreja do século XXI. Analisamos as razões de Francisco, sua aposta por uma Igreja mais pobre e mais limpa, as dificuldades com que irá se defrontar. Investigamos seu passado e analisamos o futuro mais imediato, seu programa de governo e as aspirações do povo de Deus. Cinquenta anos depois do concílio, que trouxe uma primavera para a Igreja, muitos esperam – esperamos – um novo João XXIII.

Este livro não teria sido possível sem a impagável acolhida dispensada em Roma pelos agostinianos recoletos e pelos irmãos maristas. Eles nos ofereceram sua casa, sua amizade e todo o necessário para que estas páginas, e o trabalho jornalístico levado a cabo a partir de *Religión Digital*, tivessem êxito. Tanto que fomos os únicos a vaticinar, no dia 11 de março, que Jorge Mario Bergoglio ia ser "um novo Roncalli".

Agradecemos também às nossas famílias por sua compreensão, por sua constante presença, embora à distância. E a Irene Pérez Agua e a Irene López Alonso, sem cuja colaboração teriam sido impossíveis as duas semanas de duro trabalho romano.

Agradecemos aos mais de seis mil jornalistas que cobriram a sede vacante e a eleição de Francisco, que conseguiram, uma vez mais, levar a todos os cantos do planeta a notícia da nomeação do novo papa. Nestes dias a praça de São Pedro se transformou no grande cenário do mundo, e os companheiros de imprensa, rádio, televisão e internet demonstraram como a Boa-nova do Evangelho pode, e deve, ser transmitida, também através deles.

É esta a luta que, há mais de uma década, *Religión Digital* vem perseguindo. Com mais de três milhões e meio de leitores mensais, é reconhecida em todo o mundo como a página de referência da informação religiosa. Este livro é dedicado a todos e a cada um de nossos leitores que nos acompanham todos os dias, todos os minutos, e que tornam possível o milagre de um meio de comunicação profissional e independente.

Agradecemos – por que não? – a todos aqueles que buscam a verdade, os seguidores de Jesus, que hoje vivem com esperança a chegada de Francisco, o papa humilde, o homem que tem diante de si o tremendo desafio de edificar uma Igreja mais crível, mais pobre, mais próxima daquilo que sonharam Jesus Cristo e seu fiel seguidor Francisco de Assis, de quem ele tomou o nome. E a Jorge Mario Bergoglio, arcebispo de Buenos Aires, colaborador desta página, desde o passado dia 13 de março e para sempre papa Francisco. E pela primavera que se aproxima.

Madri/Roma, 19 de março de 2013.
Dia da entronização de Francisco
José Manuel Vidal e Jesús Bastante

Sumário

Prólogo

"Vai, Francisco, e restaura a minha Igreja em ruínas"

José Bono, ex-presidente do Congresso dos Deputados

Nasceu um sol para o mundo.
Dante Alighieri

Na tarde da última quarta-feira, 13 de março, depois de ficar sabendo que saía fumaça branca pela chaminé da capela Sistina, fui um expectador a mais com o olhar cravado na televisão. Milhões de pessoas nos vimos unidos pela mesma emoção, pelo desejo de saber o nome do novo papa e pela esperança de que um nome reforçasse nossa fé. Sim, seu nome era o que esperávamos. O que ignorávamos era que, ao optar por chamar-se Francisco, ele ia dizer-nos algo mais, muito mais do que um nome.

O nome escolhido pelo novo papa, Francisco, já é todo um programa. Como disse o Superior-Geral da Companhia de Jesus, "o nome de Francisco evoca seu espírito evangélico de proximidade aos pobres, sua identificação com o povo simples e seu compromisso com a renovação da Igreja".

Nas crônicas franciscanas pode-se ler que são Francisco de Assis, por volta do ano 1205, teve uma visão diante do crucifixo. Escutou ao Senhor que lhe dizia: "Vai, Francisco, e restaura a minha Igreja em ruínas". Francisco pôs mãos à obra e restaurou a igreja de São Damião. Mas logo compreendeu que a ordem não era restaurar um edifício, mas mudar a Igreja.

Quando Francisco se apresentou diante de Inocêncio III pedindo sua aprovação para "restaurar a Igreja", como Deus lhe havia pedido, conta-se que ocorreu a seguinte cena: Depois de mostrar a Francisco as riquezas acumuladas pela Igreja, o papa Inocêncio III lhe disse: "Como vês, a Igreja já não pode dizer que não tem ouro nem prata, como disse são Pedro ao mendigo entrevado". Ao que Francisco respondeu: "Certamente, mas a Igreja tampouco pode dizer 'Em nome de Jesus Cristo Nazareno, levanta-te e anda'". A Igreja se tinha transformado num rico império de poder terreno. O papa era um monarca absoluto com todo o poder do ouro e da prata, mas o Nazareno era um estranho naqueles palácios. A Igreja não podia reconhecer-se na simplicidade de Belém.

O papa Inocêncio III viu em sonhos a ruína eclesial representada na basílica de São João do Latrão, que estava caindo, e um homem insignificante, o religioso Francisco, a escorava com o ombro. Inocêncio III escutou Francisco paternalmente impressionado e o cardeal João de São Paulo advertiu o papa: "Se rejeitarmos o pedido deste pobre que não pede senão a confirmação da forma de vida evangélica, faremos uma afronta ao próprio Evangelho de Cristo". Inocêncio III pôs ordem numa Igreja arruinada moralmente.

Oito séculos após estes sonhos, o L' *Osservatore Romano* nos diz que o papa era um pastor cercado de lobos e o próprio Bento XVI manifestou que lhe faltavam forças não só físicas, mas também "espirituais". Com humilde sinceridade nos diz também o papa algo parecido com o que manifestou ao sair de sua visita ao campo de extermínio nazista de Auschwitz: "Onde estavas, Senhor, quando aconteciam estas coisas?" Ao deixar o papado, confessa que algumas noites pareceu-lhe que "O Senhor estava dormindo".

Resulta comovente que o santo padre tenha a humildade de reconhecer que houve noites em que não encontrou o Senhor.

Esta linguagem simples e modesta, imprópria dos poderosos, contrasta com os deslumbrantes aposentos vaticanos, com as roupas pomposas e riquíssimas cruzes episcopais de ouro a serviço de um aparato eclesial concebido para conter, para frear. A cúria romana contém o episcopado, o episcopado freia o clero, o clero contém os leigos... As palavras de um Bento XVI demissionário e sem força espiritual não parecem próprias de um homem de cúria e alguns purpurados o manifestaram. A verdade é que o espírito curial está muito longe da razão simples do demissionário, que, conforme a interpretação de muitos, queria dizer: vou embora porque não vos aguento mais, já não vos suporto mais.

Doze dias após o papa Bento sair, cento e quinze cardeais entravam na capela Sistina cantando as ladainhas e invocando o Espírito Santo. O espetáculo era liturgicamente maravilhoso e deslumbrante. A emoção cênica, difícil de conseguir em qualquer outra cerimônia do planeta. O sentimento de muitos purpurados, sublime e invejável. No entanto, entre eles também iriam os lobos que acossavam Bento. As ovelhas negras cobertas de púrpura e em procissão para o conclave não pensavam em Francisco, nem na Igreja que estão arruinando. Possivelmente pensavam na eleição, não de um pastor, mas de um poderoso chefe de Estado. Sim, de um monarca absoluto ao qual os soldados apresentam armas; seus núncios têm categoria de embaixadores e seu Estado possui um banco que é dirigido por um fabricante de navios de guerra.

No entanto, a eleição de Francisco rompeu esquemas. A tarefa coube ao Espírito Santo. Ele teve que empenhar-se a fundo, porque é difícil imaginar certos cardeais elegendo um jesuíta argentino, que, desprezando a parafernália do poder temporal, parece trazer consigo um ponto de inflexão na vida da Igreja. Uma mudança de ciclo. Esta eleição não se explica sem a presença de um Espírito novo, que parece ter fulminado milhares de toneladas de preconceitos que pesam sobre a Igreja católica. Um papa na plenitude das faculdades mentais suscitou uma substituição exemplar e os cardeais que nele votaram - um papa como Francisco não pôde ter, para seu bem, o voto de alguns eleitores - antepuseram, ao menos aparentemente, o interesse de milhões de fiéis aos interesses pessoais das organizações intestinas vaticanas. Definitivamente, como disse Dante a respeito de são Francisco, "nasceu um sol para o mundo". Nasceu a esperança na Igreja.

A eleição de Francisco parece evocar aquela visão de oito séculos atrás: "Vai, Francisco, e restaura a minha Igreja em ruínas".

Não pretendo ser original depois das torrentes de palavras e vozes que foram ouvidas a respeito do novo papa. Por isso deixo simplesmente minhas emoções e sentimentos voarem ao observar os primeiros passos do papa desde que foram abertas as cortinas da sacada de São Pedro. Um sentimento que, como crente, não me custa compartilhar.

Já na antessala da sacada, a partir do degrau da dúvida, um metro atrás da balaustrada de mármore até acostumar-se com o microfone, intuí no novo papa um humilde servo de Deus. Um homem franco, simples, humano. Parece até sentir-se reconfortado com sua imperfeição, como qualquer ser humano.

O papa deixou a emoção contida, paralisante, de saber-se observado pela maior parte do planeta e passou, em apenas alguns segundos, a saber conectar seu mundo com o mundo; vi nele um homem austero, próximo e dado ao diálogo. Nada de arrogância. Falou com educação, com respeito, com humildade. Pressinto nele uma pessoa à qual lhe custará elevar-se acima dos demais, porque suas convicções mais profundas movem-se ao nível do chão.

Mostrou-se inteligentemente generoso ao pedir uma oração por seu antecessor, o papa cessante mais vivo da história. Depois abaixou a cabeça para pedir também uma oração por ele. Logo em seguida, falou como se fosse um a mais, um crente perdido no meio da multidão. "Boa-noite. Descansem".

Definitivamente o hábito faz o monge. Sua presença, de branco absoluto, sem ouro nem prata, sem murça, sem báculo... parecia dizer-nos: "não preciso de nada daquilo que não trago". Sobrevoou o aposento de adagas italianas e a loja de armas palaciana, parece não querer usar os títulos pontifícios de Príncipe dos bispos, Pai dos reis, Soberano do Estado do Vaticano, Patriarca do Ocidente, Vigário de Cristo... apenas Francisco, sem a numeração ordinal própria dos reis e, até agora, também dos papas.

Se Cristo vedesse (Se Cristo visse). Nas ruas de Roma, com a malícia italiana, traduzem assim o S.C.V. (*Stato della Città del Vaticano*) que, colocado na placa, distingue os magníficos automóveis da cúria. No entanto, Francisco viajou num pequeno veículo para recolher seus pertences e pagar a hospedagem na casa que o alojou antes de entrar no conclave. O olhar fixo em seu rosto o revela como uma pessoa afetiva, humana, extraordinariamente sensível, sem hipocrisia. Seus óculos clássicos, de um Gandhi distraído, parecem ser a máscara ou o parapeito de tanta bondade que nele se adivinha.

Parece que Deus o abençoou porque vive em humildade. Nós, que diariamente nos ocupamos com a própria glória ou grandeza, nos afastamos de Deus. Esta lei é a que são Paulo lembra aos cristãos de Corinto, que preferiam uma evangelização mais brilhante em sabedoria humana e em milagres. "Deus escolheu o fraco e o estúpido aos olhos do mundo para confundir os poderosos". Que desconsolo e irritação devem ter os que aplaudiram o gesto inquisitivo de Wojtyla sobre um Ernesto Cardenal ajoelhado e humilde! Os movimentos ultramontanos, inquisitoriais, integristas e excludentes da Igreja devem estar rezando os mistérios dolorosos, porque lhes apareceu um papa que não só é jesuíta dos verdadeiros, mas que, além disso, se chama Francisco e, como o de Assis, parece especialista em submeter os lobos.

Em seu porte físico adivinha-se a altura e a envergadura de alguém que é grande. Visto de costas, vê-se nele fortaleza e rigor; o que Bento não tinha. "Um papa, além de rezar e escrever, precisa governar", dizia-me um cardeal. Pois bem! Parece que Francisco tomará decisões. Já tomou as primeiras e só os lobos o olham com inquietude.

1
Crônica de um papa-surpresa

13 de março de 2013.* "Habemus Papam". *Jorge Mario Bergoglio, arcebispo de Buenos Aires, adota o nome de Francisco. O pobre de Assis, para uma "Igreja pobre e para os pobres". Como decorreu o conclave que elegeu Francisco? Quais foram seus apoios. Quem entrou como papa e saiu como cardeal?* Religión Digital *foi o único meio de comunicação que apostou em Bergoglio, colaborador da página há vários anos. Um papa para a reforma da Igreja. Um novo João XXIII.

Quando o cerimoniário cantou o voto número 77 para o cardeal Jorge Mario Bergoglio, o conclave, de pé, fez-lhe uma ovação entusiástica, sentida, desejada. Das que saem da alma e são acompanhadas de lágrimas e orações. Mas o escrutínio continuava. Ao lado do novo papa, que ainda não havia aceitado, estava seu amigo, o cardeal Cláudio Hummes, arcebispo emérito de São Paulo. E lhe sussurrou algo ao ouvido. Algo que o próprio papa contava assim, três dias depois de sua eleição, aos 6.000 jornalistas que recebeu no salão Paulo VI. Para fornecer-lhes manchetes.

"Durante a eleição eu tinha ao meu lado o arcebispo emérito de São Paulo, que é também prefeito emérito da Congregação para o Clero, o cardeal Cláudio Hummes; um grande amigo, um grande amigo. Quando a coisa estava se tornando 'perigosa', ele me confortava. E quando os votos chagaram aos dois terços, houve o costumeiro aplauso porque havia sido eleito o papa. Ele me abraçou, me beijou e me disse: 'Não te esqueças dos pobres'. E esta palavra entrou aqui (e o papa Francisco apontava para o coração). Os pobres, os pobres. Imediatamente, em relação aos pobres pensei em Francisco de Assis. Depois, pensei nas guerras, enquanto o escrutínio prosseguia, até serem contados todos os votos. E Francisco é o homem da paz. O homem que ama a criação e cuida dela, neste momento em que nós temos com a criação uma relação não muito boa, não é? É o homem que nos dá este espírito de paz, o homem pobre. Ah! Como eu gostaria de uma Igreja pobre e para os pobres!"

E para concluir a explicação, chegou até a contar a nós informadores as brincadeiras que lhe fizeram outros cardeais: "Um me disse: – Deverias chamar-te Adriano, porque Adriano VI foi o reformador, porque é preciso reformar.

Outro replicou:

– Não, não. Teu nome tem que ser Clemente.

– E por quê?

– Deverias chamar-te Clemente XV e, assim, poderias vingar-te de Clemente XIV, que suprimiu a Companhia de Jesus".

No conclave a votação seguia seu curso, mas em meio a um sentimento de satisfação contida. A Igreja já tinha o sucessor do papa que renunciou. Só faltava sua aceitação. Ao terminar a votação, com resultados extraordinários que as primeiras indiscrições situam em torno aos 90 votos, na sala só ressoava o caminhar lento, quase arrastando os pés, do cardeal Re, decano do conclave, aproximando-se do lugar onde se encontrava o eleito. Os cardeais continham a respiração. O cardeal Bergoglio aceitaria ou tornaria a pedir, como o fizera no conclave de 2005 entre lágrimas, que se afastasse dele este cálice e não votassem nele como alternativa a Ratzinger?

Com voz serena e solene, o cardeal Re faz a pergunta:

– *Acceptasne electionem de te canonice factam in Summum Pontificem?* (Aceitas tua eleição como sumo pontífice?).

– Sim.

E um suspiro de alívio percorreu a sala capitular de cima a baixo, enquanto o cardeal decano prosseguia, como que para dar-lhe tempo para arrepender-se:

– *Quomodo vis vocari?* (Como queres ser chamado?).

– Francisco.

E os 115 cardeais eleitores prorromperam em outra ovação. Uma ovação libertadora. Porque ele aceitou, porque é o novo papa e porque tem um nome que surpreende e seduz suas eminências. Todas elas. Ninguém pode subtrair-se ao encanto, à magia e à sedução do *Poverello* de Assis! O novo papa começa rompendo normas.

Nem João nem Paulo nem Pio nem Bento. Nem João Paulo ou João Bento. O novo papa, também nisto, se distingue e escolhe um nome radicalmente novo na história da Igreja: Francisco. Não há precedentes de um papa com o nome do santo de Assis. Uma autêntica revolução na Igreja.

Se a escolha do nome é o primeiro sinal utilizado pelo novo papa para indicar a orientação que deseja imprimir ao seu pontificado, a de Francisco está clara: pobreza, austeridade, humildade, Jesus Cristo, natureza, amor a Deus e às suas criaturas. Tudo isto e muito mais evoca o nome do novo pontífice, que desde o começo marca uma nova época na Igreja. Um jesuíta que se transforma em franciscano para abraçar o mundo e a Igreja.

Se, como diz o adágio latino, *nomen est omen* (o nome é um sinal), o papa Bergoglio envia ao mundo uma mensagem clara de *aggiornamento*, de mudança tranquila e serena. De busca das raízes evangélicas, de abandono do poder. E, sobretudo, de humildade desejada e buscada.

Volta o papa bom, João XXIII, pela mão do papa Francisco. Para abrir portas e janelas e proclamar "um ano de graça do Senhor", como rezava o evangelho do domingo anterior à sua eleição. Um papa latino-americano e um papa com um nome novo e revolucionário.

A mudança de nome

O costume de mudança de nome dos papas no momento de sua eleição está inspirado na célebre passagem evangélica em que Jesus muda o nome de Pedro e o chama de *Cefas*, rocha. E, entre os judeus, a mudança de nome significava a atribuição de uma missão importante.

No entanto, nos primeiros séculos do cristianismo os papas, exatamente como os imperadores, se faziam chamar por seu próprio nome: Lino, Anacleto, Clemente, Evaristo, Alexandre, Sixto, Telésforo, Higino, Aniceto, Sotero, Eleutério, Zeferino...

Na história do pontificado o costume de mudar de nome é tardio. O primeiro que o faz por obrigação é João II (533-535), porque se chamava Mercúrio, nome de um deus pagão. O segundo a fazê-lo foi Otaviano, da família dos condes de Tusculum, que quis chamar-se João XII (955-962).

Sérgio I foi quem introduziu definitivamente a regra de mudar de nome. Entre outras coisas, porque ele se chamava Pedro, mas todos o conheciam pelo apelido de "Boca de Porco". Desta forma arraigou-se no povo de Deus a crença de que um papa que conservasse seu próprio nome morreria antes de um ano.

Dois papas do século XVI quebraram a tradição da mudança de nome. Foram Adriano de Utrecht (Adriano VI) e Marcelo Cervini (Marcelo II). Talvez devido à maldição descrita, seu pontificado durou só 21 dias.

O nome mais utilizado é o de João (23 vezes), seguido de Gregório (16 vezes), Bento (16 vezes), Clemente (14 vezes), Leão e Inocêncio (13 vezes), Pio (12 vezes), Urbano e Alexandre (8 vezes) e Adriano (6 vezes).

Albino Luciani, o papa do sorriso, foi o primeiro a inaugurar a época dos papas com nomes compostos, uma novidade sem precedentes. Quis chamar-se João Paulo I para honrar simultaneamente os dois papas do Concílio Vaticano II: João XXIII e Paulo VI. Foi um papa "meteorito", cujo pontificado durou 33 dias. Seu sucessor, o cardeal Wojtyla, quis ir na mesma linha e seguiu seu exemplo, chamando-se João Paulo II.

Ninguém, no entanto, voltou a chamar-se Pedro. Talvez por humildade, porque Pedro só houve um. Ou porque cada papa se considera Pedro e não acha necessário enfatizá-lo. Ou porque, como diz Malaquias, Pedro II será o último papa.

Extra omnes e começam as "santas hostilidades"

Na capela Sistina o já papa Francisco recebe a obediência dos 114 cardeais, antes de cantar, junto com todos, o *Te Deum*, que soa solene e festivo na "jaula de ouro" de Miguel Ângelo. O novo papa está sereno e transmite paz, tranquilidade e doçura humana e espiritual. É a culminação de uma vida. Significa passar para a história da Igreja e, talvez, da humanidade. Converter-se na voz da consciência do planeta, na autoridade moral mais respeitada do mundo, numa das pessoas com mais poder e influência para o bem ou para o mal. A partir de agora uma palavra sua pode fazer mudar o curso dos acontecimentos. Se seus pais pudessem ver o pequeno Jorge Mario transformado em papa de Roma...!

Há satisfação no rosto de todos os cardeais. Pelo trabalho bem-feito. E rápido. Era um conclave celebrado num dos momentos mais delicados da história da Igreja. A instituição, órfã de papa, está mergulhada numa das épocas de maior perda de autoridade moral e de má imagem por causa dos escândalos de pederastia e das intrigas (*Vatileaks* e corvos incluídos) da cúria romana.

Mas, mesmo assim, dá uma nova lição ao mundo. Ou três. A primeira é que, num momento crítico, os 115 anciãos purpurados estão à altura dos sinais dos tempos e sabem escutar o clamor do povo de Deus, que pede uma mudança radical de rumo. A segunda é a lição da unidade e de sua profunda comunhão. E a terceira, mais espiritual, mas não menos decisiva, é a da assistência do Espírito Santo, cuja intervenção transforma estas eleições em "outra coisa". Foi o Espírito quem construiu a Igreja, desde seus inícios, em torno de uma figura, a do vigário de Cristo. "Tu és Pedro..." A força destes mais de dois mil anos está toda ali.

Fica para trás a renúncia do papa Bento XVI, que convulsionou a Igreja, o pré-conclave, as congregações gerais, as santas hostilidades e o *extra omnes*, retransmitido para o mundo inteiro pelos olhos fascinados das câmeras de televisão. Porque a Igreja católica, mestra bimilenar em simbologia, oferece matéria inesgotável para recreio e deleite do "olho midiático" que, quase como o de Deus, tudo vê.

No Vaticano as tevês não precisam de assistente de direção. No cerimonial do conclave tudo está perfeitamente milimetrado e enquadrado num marco de beleza único no mundo: a capela Sistina de Miguel Ângelo. Com a cena do juízo final presidindo o acontecimento do alto e a cor púrpura dos cardeais ao nível do chão. E o cerimonial, impecável.

A comitiva dos 115 eleitores entra primeiro na capela Paulina. Ali saúda-os o decano da assembleia, cardeal Re: "O Senhor, que guia os nossos corações no amor e na paciência de Cristo, esteja com todos vós". E acrescenta: "Entramos agora em conclave para eleger o romano pontífice. Toda a Igreja, unida a nós em oração, invoca constantemente a graça do Espírito Santo, para que seja escolhido dentre nós um digno Pastor de todo o rebanho de Cristo. O Senhor dirija os nossos passos no caminho da verdade".

E começam a soar as ladainhas: todos os santos e santas de Deus são chamados em ajuda dos cardeais, que se aproximam em procissão até a capela Sistina. Com a solenidade e a gravidade que o momento exige. As duas fileiras de cor púrpura vão ocupando, depois de inclinar-se diante da cena do juízo final e do Cristo que preside o altar, seus assentos de madeira de cerejeira, nos quais está gravado o nome de cada um dos 115.

Falta apenas invocar a presença do "eleitor invisível" e os purpurados cantam com devoção o *Veni creator*. Terminada a invocação ao Espírito Santo, o cardeal Re conduz o juramento conjunto, no qual prometem, se obrigam e juram "observar fiel e escrupulosamente todas as prescrições contidas na Constituição Apostólica do sumo pontífice João Paulo II, *Universi Dominici Gregis*, publicada a 22 de fevereiro de 1996".

Juram também diante de Deus "observar com a máxima fidelidade e com todos, tanto clérigos quanto leigos, o segredo sobre tudo o que está relacionado de alguma forma com a eleição do romano pontífice e sobre o que acontece no lugar da eleição concernente direta ou indiretamente ao escrutínio; não violar de maneira alguma este segredo tanto durante quanto depois da eleição do novo pontífice, a menos que seja dada autorização explícita pelo próprio pontífice; não apoiar ou favorecer qualquer interferência, oposição ou qualquer outra forma de intervenção, com a qual autoridades seculares de qualquer ordem ou grau, ou qualquer grupo de pessoas ou indivíduos, queiram imiscuir-se na eleição do romano pontífice".

Estando claras as prescrições canônicas às quais os eleitores e seus ajudantes se obrigam sob pena de excomunhão, cada eleitor passa diante de uma enorme Bíblia e, com a mão sobre ela, formula o seguinte juramento "Eu, cardeal (o nome próprio), prometo, me obrigo e juro. Que Deus me ajude e estes Santos Evangelhos que toco com minha mão".

Vozes graves em uns, sussurrantes em outros. O jovem papável filipino, Luis Antonio Tagle, quase não consegue terminar a fórmula de tanta emoção. É seu primeiro conclave. Outro papável, o cardeal Dolan, dos Estados Unidos, nervoso e distraído, olha as pinturas de Miguel Ângelo. Bergoglio, sereno como sempre e com seu caminhar bamboleante, como um braço de mar. A maioria dos purpurados, concentrados e como que esmagados sob o peso da decisão que vão tomar. Implorando ajuda do Altíssimo.

Conclui a cerimônia do juramento o ex-prefeito da Casa Pontifícia de Bento XVI, o cardeal Harvey. E, imediatamente, o mestre de cerimônias, Guido Marini, pronuncia o célebre *Extra omnes*. E todos os ajudantes saem da capela Sistina. Desde o secretário do papa emérito, monsenhor Gaenswein, ao diretor do L'*Osservatore Romano*, Giovanni Maria Vian, passando pelo diretor da Rádio Vaticana, Federico Lombardi. E as portas se fecham às 17:35h do dia 12 de março. Dentro, as santas hostilidades. Fora, pendentes da chaminé e de sua fumaça.

Os papáveis midiáticos e o papável real

115 cardeais com uma idade média de 72 anos, a metade dos quais europeus, estão chamados a escolher o sucessor de Bento XVI. Num conclave sem grandes estrelas, com um "azarão" e três papáveis midiáticos.

Desta vez não há grandes colunas da Igreja em campo. No conclave anterior, o de 2005, havia duas figuras indiscutíveis: Ratzinger e Martini. Duas grandes figuras da Igreja, queridas e respeitadas inclusive pelos adversários. Dois "pesos pesados" que encarnavam perfeitamente os dois modelos ou as duas sensibilidades eclesiais: a conservadora e a progressista.

Neste conclave, por outro lado, não há grandes estrelas. São vários os papáveis, mas todos eles estão na mesma altura humana, intelectual e espiritual. Não há ninguém que se destaque acima dos demais. Daí que as eleições se apresentem, de saída, absolutamente abertas e disputadas. Ou era isso que acreditávamos nós, os jornalistas. Com a ajuda de alguns purpurados "distraídos". Como o cardeal francês Barbarin: "Na outra vez havia uma figura como a do cardeal Ratzinger, três ou quatro vezes superior a todos os outros. Hoje não é assim. A eleição deve ser feita levando em conta até 12 cardeais. Tudo está em aberto".

E outro cardeal gaulês, o arcebispo de Paris, Vingt Trois, aponta uma "meia dúzia de candidatos". Não são, portanto, especulações jornalísticas, mas declarações de dois prestigiosos cardeais que também figuram na lista dos papáveis. Ao menos, como candidatos-surpresa.

Parece que na capela Sistina pode acontecer qualquer coisa. Podem ganhar Scola ou Ouellet, os candidatos dos reformistas, mas também pode ser coroado Scherer, o do partido romano. E se estes dois partidos se bloqueiam entre si, dado que o papa tem que sair com os dois terços dos votos (77), poderia soar a hora do *outsider* ou dos azarões. E há vários.

Um conclave aberto, com mais trabalho para o Espírito de Deus. O que está claro é que a renúncia do papa Bento XVI provocou, entre os cardeais, uma maior fraternidade. Depois de seu gesto, as lutas de poder já não têm sentido, embora alguns curiais continuem promovendo-as. Impõe-se uma busca baseada na espiritualidade e no serviço. Um papa bom, homem de Deus e esperança para o mundo. E à escuta dos fiéis. Que creia, realmente, no *vox populi, vox Dei*. Um novo papa João.

Jorge Mario Bergoglio, o azarão

Os vaticanistas italianos, encabeçados por Andrea Tornielli de *La Stampa*, marcam a pauta na informação vaticana e, é claro, na do conclave. E a imprensa de todo o mundo costuma dançar conforme sua música. Não é por nada que são os que mais sabem, embora, às vezes, tentem também servir à pátria e se deixem levar por seus desejos e por seus interesses pessoais com os cardeais curiais italianos com quem convivem diariamente.

Nessa chave é preciso entender que a unanimidade da imprensa foi quase total: o próximo papa seria o cardeal de Milão, Angelo Scola. Com um rival que lhe ficava muito atrás, promovido pela cúria: o cardeal de São Paulo, Odilo Scherer.

Analisando a situação eclesial e diante de tanta uniformidade, eu sentia certa inquietação. Acreditava que a Igreja, tanto em suas bases quanto em sua cúpula, pedia urgentemente uma mudança. E o que lhe ofereciam os jornalistas era continuidade pura e simples.

Pensei, além disso, que a instituição talvez não estivesse preparada para assumir um papa como Scola, da *Comunhão e libertação*. Por ser um papa de um movimento eclesial de cunho recente e sem passar pelo crivo da história. Por ser um movimento com demasiadas implicações políticas. E por ser o candidato de um movimento que ofereceria à Igreja mais do mesmo. Por isso fui o único jornalista que vaticinou, com dois dias de antecedência, quem ia ser o novo papa. No dia 11 de março eu publicava em *Religión Digital* a seguinte reportagem:

Jorge Mario Bergoglio, o novo Roncalli?

Jovem, com boa saúde e reformador. Até agora essas pareciam ser as premissas inescusáveis para começar a buscar o novo papa. Mas nos últimos dias a primeira condição parece perder importância e ganha pontos a tríade reformador, mais velho e com não demasiados achaques. Busca-se um novo Roncalli, papel no qual muitos veem o cardeal argentino Jorge Mario Bergoglio, arcebispo de Buenos Aires, que se parece com o "papa bom" em muitas coisas, menos em seu aspecto físico.

Mais alto e menos gordo que João XXIII, o purpurado platino não aparece nas loterias para uso dos papáveis. Mas, se o conclave se bloqueia entre o "partido romano" dos curiais e o "partido pastoralista" dos estrangeiros, especialmente americanos e alemães, a opção do argentino poderia revelar-se providencial.

Bergoglio já colheu muitos votos no conclave anterior e se transformou no favorito do setor moderado-progressista e, por conseguinte, no principal rival de Ratzinger. Tanto que, de acordo com algumas indiscrições, o purpurado jesuíta se teria levantado no conclave para pedir aos cardeais, entre lágrimas, que não continuassem votando nele.

O argentino tinha então 70 anos. Passados quase oito, Bergoglio completou os 76 e se encaixa perfeitamente no clichê de papa mais velho e de transição. Também não conhece graves doenças e poderia assumir perfeitamente o papel de papa reformador pelo qual suspira a imensa maioria do conclave... e do povo de Deus.

Ninguém duvida que o purpurado argentino tenha caráter. Como diz o irmão Ricardo Corleto, agostiniano recoleto de passagem por Roma, "ele é um homem tão honrado e tão íntegro que nem sequer o governo Kirchner pôde encontrar qualquer mancha em sua vida, apesar de tê-la buscado com suma diligência".

A prioridade: Mudar a cúria

Jesuíta reto, amante do diálogo, simples e sumamente austero, desloca-se de metrô ou ônibus por Buenos Aires e não gosta que o chamem de eminência. Quando lhe perguntam como devem dirigir-se a ele, sempre responde dizendo: padre Bergoglio.

Capaz, inteligente, profundamente espiritual e homem de sólida personalidade, não se amedrontaria na hora de pôr na linha ou de reformar em profundidade a cúria romana. Uma das incumbências que todos os cardeais parecem considerar prioritária no trabalho do novo papa. A Igreja joga nisto sua credibilidade social, tão danificada ultimamente por todos os escândalos do Vatileaks.

Uma reforma de fundo, que procure uma maior colegialidade e resgate do ostracismo a sinodalidade já apontada no Vaticano II. Como diz o cardeal Kasper, outro emérito de prestígio, "a Igreja precisa de transparência e colegialidade. É preciso sai do cerco do centralismo romano". E acrescenta: "Mudar a cúria é uma prioridade".

Com Bergoglio no sólio pontifício, a Igreja não só poderia ganhar um novo Roncalli, mas além disso daria um enorme salto epocal para o outro lado do Atlântico. Ou seja, em mãos de um papável confiável, com experiência, decidido, dos que têm pulso firme, "limpo" e com coragem para terminar a limpeza que Bento XVI não pôde ou não o deixaram fazer: o IOR, banco vaticano, e a cúria. Um novo Roncalli do cone sul com raízes turinenses. Um jesuíta para reformar a Igreja.

Os dois papáveis entronizados pela imprensa

Alheios ao autêntico azarão, no domingo, dia 10, os meios de comunicação em sua totalidade continuam com sua campanha e seu ruído midiático. Poucas horas antes do conclave, a imprensa profere a sentença: o papado será decidido entre o italiano Scola e o brasileiro Odilo Pedro Scherer. Dois papáveis muito parecidos, inclusive fisicamente, coincidentes no fundo e divergentes nas formas e nos apoios. O italiano, mais hierárquico, é promovido pelos estrangeiros e o brasileiro, mais simples, pelos italianos. Ambos, solenemente vestidos e assediados pelos meios de comunicação, celebraram suas últimas missas públicas antes do conclave e esboçaram o que poderia ser seu respectivo programa de pontificado.

O cardeal Scola madrugou. Às 9:30h do domingo começou sua Eucaristia. Desde uma hora antes, dezenas de jornalistas já estavam posicionados, com suas câmeras, diante da igreja romana dos Doze Apóstolos. "Cheira a papa", dizia um colega. E em sua última missa pública, o papável dos meios de comunicação italianos propôs um das chaves de seu eventual pontificado: apresentar ao mundo o rosto de Deus Pai misericordioso.

Scola saiu da sacristia por baixo de uma enorme estátua de Clemente XIII, um papa nascido em Veneza, onde Scola foi Patriarca, e que reinou de 1758 até 1769. Um papa muito vinculado à Espanha, porque foi ele quem propôs, a 8 de novembro de 1760, que a Imaculada fosse proclamada padroeira do nosso país. Eleito depois de quase quatro meses de deliberações, foi também o pontífice que expulsou da Espanha a Companhia de Jesus em 1767.

Acompanhado dos franciscanos conventuais, que dirigem a basílica onde estão enterrados os apóstolos Tiago Menor e Filipe, o cardeal titular percorria, antes de chegar ao altar, um bom número de símbolos históricos. A maioria deles antigos, mas também alguns modernos, como o monumento ao cardeal Casaroli, o eterno e sempre recordado Secretário de Estado de quatro papas.

O arcebispo de Milão tem pose de príncipe da Igreja. Alto, com personalidade, abençoa com elegância e fala com serenidade. Tem boa entonação, entende-se tudo o que ele diz e, apesar de ser um grande teólogo, prega para as pessoas com suavidade e convicção. Com um roteiro diante de si, mas quase não se nota que ele o segue. Gesticula o necessário, com elegância quase inata, e modula a voz de acordo com o que a homilia vai pedindo, numa liturgia solene e um pouco distante.

Numa igreja repleta de fiéis (um grupo numeroso de milaneses que o acompanha) e de dezenas de jornalistas, Scola escuta atentamente o evangelho do dia: *a parábola do filho pródigo*. Terminada a leitura do Evangelho, dirige-se ao púlpito para a homilia. Com seu passo decidido parece dizer: estou preparado para o que Deus me pedir. Agarra-se ao atril num gesto mecânico e começa a desfiar o que poderia ser seu programa: "Estas belas palavras de Jesus atravessam dois mil anos de história e ressoam hoje nesta formosa basílica. O que querem nos dizer? Elas nos mostram o ser de Deus, seu ser de Pai de Misericórdia, que espera e abraça todos os que optam por afastar-se de sua casa".

O Pai Deus não só é misericordioso, mas, além disso, "respeita e ama profundamente a liberdade de seus filhos, porque só a partir da liberdade o filho pode amar o pai", explica. Por isso, "o pai não tem medo de nossa debilidade". E conclui: "A misericórdia de Deus é fonte de nossa esperança. A missão da Igreja é anunciar sempre que a misericórdia do Pai é fonte de esperança, inclusive em tempos obscuros como estes".

Em Santo André no Quirinal também há uma nuvem de jornalistas no domingo às 10:30h para assistir a outra missa. Alguns de nós binamos, mas aqui a maioria é de meios de comunicação estrangeiros. Sobretudo latino-americanos e especialmente brasileiros. É o candidato carioca. A igreja onde ele vai celebrar é uma joia de Bernini, conhecida como "a pérola do barroco", e está a cargo dos jesuítas. É muito menor e circular, o que confere um adicional de proximidade à missa do cardeal Scherer. Com menos pompa, com menos solenidade, mas com profunda emoção.

Dois jesuítas concelebravam com o cardeal. Entre os assistentes, um público mais heterogêneo, no qual se destaca a presença uniformizada (com seus raros uniformes de cavaleiros medievais) de alguns arautos do Evangelho. Uma missa simples, emotiva, cantada por três noviços jesuítas, acompanhados por uma guitarra, um banjo e um tambor africano.

Na homilia, uma prática coincidência de Scherer com Scola. O purpurado brasileiro também ressalta que "Jesus se rodeia de pecadores, vai à sua casa, senta-se à sua mesa" e esta é, a seu ver, "a imagem da relação do Deus da misericórdia com a humanidade".

Porque a misericórdia aparece também no programa do papável brasileiro. "O que Deus quer é a misericórdia, que acolhe os pecadores, para que não voltem a pecar, desde que se deixem reconciliar com Deus". Por isso, para Scherer, é "hora de alegrarnos, porque Deus é bom e misericordioso para com todos". E, por isso, também, "é hora de cada Igreja anunciar a misericórdia de Deus, de que tanto necessita a humanidade".

Scherer fala sem papéis, "a braccio", como dizem os italianos. Com ênfase, com entonação, com um modo de dizer simples, claro e direto. Pouco cerimonioso, canta os cantos, tem voz boa, distribui a comunhão e ele mesmo se abaixa para recolher uma partícula que caiu no chão a uma senhora que comungava.

No final, manda aproximar-se um casal, diante do delírio das câmeras. Um casal de idosos que comemoram 70 anos de casados. "Setenta anos. Eu ainda não tinha nascido. É deveras possível desfrutar 70 anos de matrimônio. Demos graças a Deus. Que Deus continue a acompanhá-los até o fim de seus dias. Que beleza!", explica o cardeal, que abençoa e acaricia os dois anciãos diversas vezes.

– Que Deus nos ajude!, diz a anciã.

– Que Deus nos ajude!, replica o cardeal, enquanto na bela basílica de Bernini ressoa um aplauso espontâneo e efusivo. Para os anciãos que celebraram seu 70º aniversário de casamento e para o eventual próximo papa. Scherer sorri, deixa-se fotografar, saúda todo mundo e se retira para a sacristia entre dezenas de câmeras e jornalistas.

O que vai do conclave midiático ao real

Como costuma acontecer amiúde, o relato dos meios de comunicação não tem nada a ver com o que realmente vai acontecer no conclave. Porque o fora e o dentro são duas linhas paralelas que nunca vão se encontrar. Fora, a opinião pública, conduzida pelos meios de comunicação italianos, consagra como máximos favoritos os cardeais Scola e Scherer ou Ouellet. Dentro, os cardeais têm já quase decidido o futuro papa na pessoa do cardeal de Buenos Aires.

Diferentemente dos "midiatizados" Scola e Scherer, o cardeal Bergoglio optou por um perfil absolutamente discreto no pré-conclave. Nem sequer foi celebrar missa, como todos os outros cardeais, em sua paróquia romana de São Roberto Belarmino, no domingo anterior ao conclave.

Os cinco escassos minutos que utilizou nas Congregações gerais, isso sim, o transformaram em seu próprio *self-made pope*. Em poucas palavras comunicou aos cardeais sua paixão por Cristo e sua visão da Igreja: povo de Deus, casa comum dos pobres, misericordiosa, samaritana, austera, debruçada sobre os marginais, sedutora, alegre, propositiva e atenta aos sinais dos tempos.

Em menos de cinco minutos Bergoglio falou, apaixonadamente, de tudo isso e da misericórdia na Igreja, de uma espiritualidade renovada e da necessidade de purificação, que apontava, sem dizê-lo, para os escândalos por causa das lutas intestinas no Vaticano. E terminava denunciando "a mentalidade carreirista de promoções e cargos de poder na Igreja". Síntese, clareza, anúncio, denúncia e simplicidade. Em menos de cinco minutos, Bergoglio sintoniza com as enormes preocupações dos purpurados. E tem o colégio cardinalício na palma da mão.

Mais sábios e mais atentos à vida do que costumam dizer os meios de comunicação, os 115 anciãos cardeais chegavam ao conclave com uma ideia clara: o povo de Deus quer uma mudança de leme na Igreja. Escutaram este clamor e entram dispostos a pô-lo em prática. É a revolução dos cardeais "peões". A imensa maioria dos cardeais simples, humildes, entregues ao seu trabalho pastoral e quase absolutamente desconhecidos para os meios de comunicação. Eles vão decidir a eleição, porque têm, antes de tudo, um candidato muito claro.

Por isso, desde a primeira votação da terça-feira à tarde jogam abertamente: Bergoglio conseguia mais votos que qualquer outro, enquanto Scola colhia muito menos votos do que os que lhe atribuía a imprensa e a candidatura de Scherer esvaziava-se como um balão alfinetado.

A partir deste momento parecia claro no conclave que os cardeais peões não estavam dispostos a somar-se ao candidato da cúria, nem sequer ao chamado candidato "reformista", o italiano Angelo Scola. Queriam uma mudança muito mais radical.

Nesta dinâmica, os cardeais latino-americanos cerram fileiras em torno de Bergoglio desde o primeiro momento. E logo se lhes somam os norte-americanos, convencidos pelo cardeal Wuerl, arcebispo de Washington.

Além do prelado norte-americano, Bergoglio conta com outros três "grandes eleitores" que fazem alianças e buscam consensos. Trata-se do cardeal Martino, que conhece muitos cardeais por causa de sua passagem pela ONU e pela cúria; o cardeal Hummes, arcebispo emérito de São Paulo e amigo íntimo do arcebispo de Buenos Aires; e o cardeal espanhol Santos Abril, arcipreste de Santa Maria Maior, ex-núncio na Argentina e diplomata de carreira.

O purpurado espanhol faz uma série de alianças a partir de sua prestigiosa basílica romana e chega a conseguir para Bergoglio inclusive os votos dos grupos de Sodano e do próprio Bertone, que, talvez, entregam as armas para salvar alguma cota de poder para seus partidários na próxima cúria daquele que já se perfila como novo papa.

O placar de Bergoglio continua aumentando nas votações seguintes pelo acréscimo dos cardeais africanos e franceses. Sob a direção do arcebispo de Paris, André Vingt-Trois, apostam num papa que "limpe, purifique e renove". E, na quinta votação, o arcebispo de Buenos Aires é consagrado papa com mais de 90 votos. Um resultado que supera inclusive o conseguido por seu predecessor Joseph Ratzinger em abril de 2005.

Fumaça branca

A fumaça da chaminé da capela não deixava lugar a dúvidas. "*Habemus papam!*" "Temos papa!!!" Há um novo papa. A fumaça branca, acompanhada do repicar dos sinos da basílica de São Pedro, anuncia às 19:07h do dia 13 de março a grande notícia: a Igreja católica já tem quem a lidere. Terminou a orfandade. Na quinta votação, no segundo dia do conclave iniciado na terça-feira, 12 de março, às 16:30h, foi eleito o sucessor de Bento XVI.

Um conclave rápido, cumprindo as previsões mais otimistas dos vaticanistas, apenas 24 horas depois de ser entoado o *Extra omnes*. E eu que não esperava a fumaça a estas horas da noite romana. Pensava que os cardeais esperariam o dia seguinte, a primeira votação da manhã. Por simples aproveitamento dos meios de comunicação. É evidente que a apresentação televisiva de um papa brilha mais com luz solar e, em Roma, às 19:00h era noite fechada.

Mas os tempos do Vaticano não se curvam nem diante da quase onipotência dos meios de comunicação. E, quando em Roma era noite, na América Latina, terra do novo papa, era dia. Preparei-me para sair correndo em direção a São Pedro, como centenas de romanos, enquanto muitos outros milhares já estavam ali.

Os sinos do Vaticano e de toda Roma tocavam festivamente, enquanto as pessoas corriam, desafiando a chuva, como que atraídas por um milagre. O milagre do novo papa. É difícil chegar à Praça. Até a Via della Conciliazione, a grande avenida que dá acesso ao Vaticano, está repleta de pessoas que correm como que atraídas por um ímã. Por fim, consigo entrar na praça de São Pedro e colocar-me num ângulo do qual se vê bastante bem a *loggia* pontifícia.

Enquanto esperamos (o papa tarda a aparecer mais do que o previsto), a praça ferve de orações, cantos, aplausos, vivas ao papa, ainda desconhecido, e a consabida pergunta que circula de grupinho em grupinho: Quem será? A espera se faz eterna, mas a praça de São Pedro, abarrotada e contente, não deixa de cantar e dançar. No final, abriram-se as cortinas, apareceu a cruz e o cardeal protodiácono, em meio a um alarido de espera contida. Por fim, íamos saber o nome do novo papa.

Mas não o soubemos imediatamente. Pelo fato de o cardeal Jean-Louis Tauran, afetado pelo mal de Parkinson, titubear, e por causa da gritaria das pessoas e do latim do nome, fiquei sem saber quem era o papa. Ao meu redor, todo o mundo perguntava a mesma coisa: "Quem é?" Até que, passados uns intermináveis segundos, o ouvimos dizer: cardeal Bergoglio.

Pus-me a pular, enlouquecido. Era o meu candidato! O papável que, três dias antes, eu havia lançado como o "novo Roncalli". Era Bergoglio, o arcebispo de Buenos Aires, que, há anos, nos honra com sua presença em *Religión Digital*, onde viemos publicando suas pastorais e homilias. Um dos nossos "pastores" de cabeceira transformado em papa.

E, para cúmulo de felicidade, ia chamar-se "papa Francisco". Um novo "papa Bom", sob o nome de Francisco de Assis. Um papa roncalliano-franciscano-xaveriano.

Entre o anúncio do cardeal protodiácono e o aparecimento do novo papa passou muito tempo. Tempo para celebrar, cantar com um grupo de argentinos que, um pouco mais para lá, festejavam como loucos o "seu" papa, que já era o papa de todos. E tempo para rezar e refletir sobre o que significava sua eleição, seu nome e os desafios que o esperavam.

Eu estava absorto em minhas reflexões quando a gritaria se tornou ensurdecedora: moviam-se as cortinas da *loggia* vaticana. E imediatamente ele assomou à sacada. Em seu rosto, refletia-se toda a serenidade do mundo. Sem parafernália. Sem gestos grandiloquentes. Apenas se atreveu a levantar a mão direita em sinal de saudação. Como que timidamente. Com seus óculos antigos de intelectual, sua sotaina branca e seu manto de peregrino, parecia a encarnação da pomba da paz. Sem murça vermelha debruada de arminho branco. Com uma cruz peitoral que não brilhava, que não era de ouro e que, vista de longe, parecia de madeira. Depois, pudemos comprovar que era de ferro, que era a cruz peitoral que sempre havia usado como arcebispo de Buenos Aires. Um são Francisco disfarçado com burel branco, que assoma e, como que pedindo permissão, olha com doçura a praça transbordante, que grita entusiasmada.

Sem ares de importância, o novo papa saúda com um simples "irmãos e irmãs, boa-tarde". Vem-me novamente à lembrança o papa João no célebre discurso da lua. O papa Francisco improvisa umas palavras. Entre vivas e gritos ouve-se o papa dizer que os cardeais foram buscá-lo "quase no fim do mundo", num aceno à sua terra querida.

E, imediatamente, a recordação de "nosso bispo emérito", o papa Bento, com quem não quis competir há quase oito anos e pediu, entre lágrimas, que não continuassem votando nele. Para abrir o caminho aberto para o papa Bento XVI. A história se repete, mas no sentido inverso. Agora é Bento XVI que passa o bastão a Francisco.

E põe as pessoas a rezar. As orações mais simples, as que todo mundo sabe: o Pai-nosso e a Ave-Maria. Ao rezar esta última, precisa baixar a voz, porque não a sabe bem em italiano, mas o cardeal Hummes, que está ao seu lado, o apoia. Depois da oração, pede que reine a "fraternidade" e, num gesto insólito, que marcará seu pontificado, pede às pessoas que o abençoem, antes de ele abençoá-las. Algo nunca visto. A humildade feita papa.

E o papa se inclina para receber a bênção do povo de Deus, de seu povo. E, sereno, confiante e risonho, volta a saudar timidamente com a mão direita e se despede como um vovô: "Boa-noite e bom descanso".

E no rosto das pessoas desenham-se sorrisos de quietude, de serenidade, de alegria. Inclusive no rosto dos italianos que apostavam num dos seus. Este é meio seu, de ascendentes italianos. E é da Argentina e de toda a América Latina e do mundo. Francisco do mundo. A barca da Igreja está em boas mãos e tem o vento a favor para essa mudança de rumo de que tanto necessita.

No metrô, de volta para casa, para pôr-me a escrever imediatamente, voltei a pensar no novo papa e na nova época que se inaugura com seu pontificado. Por fim, a Igreja atenta aos sinais dos tempos. Nasce o sol na vinha do Senhor. Chega uma primavera antecipada. A tarefa que lhe cabe doravante é ingente. Mas, antes de tudo, a Igreja, com sua eleição, envia duas mensagens claras ao mundo.

A primeira é de união, de comunhão no essencial. A segunda é de que ela é capaz de escutar a pulsação da rua. E, na rua, as pessoas, o povo de Deus, pediam mudanças, reformas, portas e janelas abertas, voltar ao essencial, afastar o medo, o carreirismo e o poder. Um gesto tão revolucionário como o da renúncia do papa Bento não podia ficar sepultado por uma eleição anódina a mais do mesmo. Exigia algo radicalmente novo. Um pequeno salto, uma revolução tranquila. E é isso que o novo papa encarna.

Mais uma vez, a Igreja católica demonstrou que, como dizia Paulo VI, é experta em humanidade. E, em apenas dois dias, seus 115 príncipes deram uma acelerada na história. Com a eleição de um papa latino-americano (pela primeira vez), jesuíta (pela primeira vez), pertencente a uma ordem religiosa e chamado Francisco (pela primeira vez). Um papa que junta a instituição com o carisma.

Parece que a Igreja é um paquiderme lento nos reflexos e em agilidade para adequar-se ao ritmo frenético atual. Mas é também uma instituição que acumula em seu DNA a sabedoria dos séculos. E sabe, por instinto, quando é necessária uma mudança de ciclo, uma ruptura na história, um sinal de esperança para um mundo em crise global.

Em dois dias, 115 cardeais eleitores buscaram o papa adequado para fundir o poder com o carisma. Sem renunciar a nenhum dos dois. Ou reconduzindo o primeiro para pô-lo a serviço do segundo. "O poder na Igreja é serviço", dizem desde sempre os Santos Padres.

Esta máxima, que parecia esquecida na cúria, epicentro e sala de máquinas da Igreja, recupera o vigor e volta a mostrar suas qualidades. O conclave, em dois dias e cinco votações, conseguiu a quadratura do círculo: insuflar o carisma no poder. Com o papa do "três em um": latino-americano, jesuíta e vestido com o burel franciscano.

Num momento crítico. Quando a instituição chegava ao fundo do poço e perdia autoridade moral e influência social aos borbotões por causa das intrigas palacianas dos corvos curiais, o timoneiro chegou "quase do fim do mundo". No conclave anterior a Igreja vivia um momento agradável, com dois milhões de fiéis em torno ao féretro "do santo que subiu" e todos os poderosos da terra ajoelhados diante do papa Magno.

Quase oito anos depois, a Igreja sofria no meio de águas turbulentas. E o "papa ancião", "varredor de Deus", "pastor entre lobos", sem forças para continuar limpando, conseguiu, com sua renúncia, o milagre de pôr a Igreja à escuta dos sinais dos tempos. E dessa escuta procede esta eleição de um papa franciscano-jesuíta-roncalliano.

Um papa simples conectado com o povo. "Parece um de nós", diziam as pessoas na praça de São Pedro. Um papa que traz ar fresco à Igreja e que, como João XXIII, afasta os "profetas de calamidades" e confia a barca de Pedro às mãos simples de Francisco.

Um papa que terminará de varrer a Igreja, especialmente o IOR, o banco vaticano, e a cúria. Um papa que seduz, que atrai, que conecta, que volta a proporcionar às pessoas a alegria de crer e a esperança de viver com dignidade e com justiça.

Um papa para lançar o medo nas trevas exteriores, para restituir a confiança aos teólogos, para dar esperança aos padres, às freiras e aos frades, para pôr os leigos a remar, para democratizar a Igreja e para colocar a mulher no lugar que lhe corresponde. O papa da revolução tranquila. O papa dos pobres e dos simples. O papa Francisco.

2
Os desafios de Francisco

O papa humilde, que improvisa e aposta numa Igreja pobre. Francisco parece destinado a levar a cabo os grandes desafios que o mundo do século XXI pede à instituição. Quais são os desafios da Igreja que Bergoglio vai dirigir? A limpeza, a reforma da cúria pela colegialidade, o papel dos leigos e da mulher, o ecumenismo, a América Latina ou a China são alguns deles. Uma tarefa ingente que apenas começou.

O papa Francisco chegou com a serenidade, a doçura e os gestos do papa Roncalli e desatou-se a "franciscomania" na Igreja e no mundo. Mas, além de bondade e sorrisos, o novo papa traz debaixo do braço um novo mapa de navegação para a barca de Pedro. Uma barca sacudida externamente pelo *tsunami* da secularização e do cisma silencioso da indiferença, e internamente pela sujeira que Bento XVI, o "varredor de Deus", não teve tempo de limpar.

Pelas veias do tecido eclesial circula, cada vez com mais força, a ideia de uma Igreja mais comunitária, democrática, libertadora e ecumênica. Por trás da revolucionária renúncia de Bento XVI, o novo papa não terá mais outra solução senão pensar em abrir pelo menos cinco portas que até agora permaneceram fechadas.

1. *A participação da mulher na Igreja*

A primeira porta é a da ordenação sacerdotal das mulheres. Este tema encerra toda uma problemática tradicionalmente explosiva para a Igreja: a relação entre moral e sexualidade, o celibato eclesiástico, os meios anticoncepcionais e o aborto. A atual situação da mulher na Igreja é um delito e um pecado que clama ao céu. Se o novo papa não desbloquear esta situação, a Igreja perderá definitivamente a mulher. E o cisma silencioso da maioria dos católicos que não segue neste âmbito a doutrina da hierarquia vai manifestar-se claramente à luz pública.

2. *Democracia eclesial*

A segunda porta é a da democracia no seio da Igreja: desde os fiéis até os bispos. Só a livre expressão das opiniões episcopais impedirá o magistério da Igreja de encerrar-se numa falsa unanimidade que, afinal de contas, perverte a vida da Igreja. É o que teologicamente se conhece com o nome de "colegialidade". Por exemplo, com um sínodo de bispos deliberativo, como previa o Concílio Vaticano II, ou com conferências episcopais com maior liberdade e autonomia.

3. *Unidade no respeito ao pluralismo*

A terceira porta é a da unidade. A preocupação pela unidade deve ser a regra de ouro do ensino da Igreja. Esta preocupação deve estar subordinada à preocupação pela verdade, para deixar o caminho livre a toda variedade de ideias sobre um grande número de questões. Desta forma, os teólogos se situarão melhor na Igreja, Porque, como costumava repetir Bento XVI, "a característica fundamental de um ecumenismo teológico e não político é a disponibilidade para estar e caminhar juntos, inclusive nas diferenças não superadas; a regra prática é fazer tudo o que pudermos pela unidade e deixar ao Senhor o que só o Senhor pode fazer". O novo papa terá que passar da teoria à prática e dar passos reais com ortodoxos, protestantes e anglicanos para o ecumenismo real.

4. Uma ética de mínimos

A quarta porta tem a ver com a modernidade. As sociedades ocidentais têm que afrontar tremendos problemas econômicos, políticos, éticos. Para fazer frente a estes perigos, têm que elaborar novas éticas. Querer reconquistar moralmente a modernidade não leva a lugar nenhum. E não estamos em fins do século XIX ou nos começos do século XX para refundar a cristandade. Como diz o teólogo progressista Hans Küng, a Igreja deveria lutar por consensuar uma "ética de mínimos" que possa regular as relações internacionais de um mundo globalizado. Será que o novo papa tentará fazer isto?

5. Recuperar a tradição sinodal

A quinta porta consiste em reafirmar a tradição sinodal da barca de Pedro. A Igreja não é uma monarquia absoluta. E embora também não seja uma democracia, sua estrutura essencial tem mais coisas em comum com os modelos democráticos do que com os modelos imperiais. A comunidade local é o fundamento e a expressam melhor pessoas com interesses e laços comuns do que a unidade geográfica da paróquia. A comunidade local deve ser o primeiro lugar da tomada de decisões.

Por outro lado, as comunidades locais deveriam reunir-se em dioceses menores. Deveria haver um bispo para cada 100.000 católicos. Atualmente há no mundo cerca de 2.500 dioceses com mais de 1.200.000 católicos. Para chegar à proporção ideal deveria haver o triplo ou o quádruplo de dioceses. E, sem dúvida, os bispos devem ser eleitos pelos fiéis.

6. *Recuperar a credibilidade social*

A sexta porta está em recuperar a credibilidade social, ferida pelo escândalo da pederastia e dos abusos cometidos pelo clero em todo o mundo. O novo papa, além de continuar com a "tolerância zero" imposta por Bento XVI nestes casos, deverá manter um estrito controle dos eventuais casos de abusos, uma transparência total e uma colaboração absoluta com as autoridades civis.

A Igreja deveria, pois, abrir estes grandes portões e algumas outras portas menores, para poder continuar tendo relevância social em todo o planeta. Pelo menos, como até agora. Uma Igreja esperança do terceiro milênio para um papa do terceiro milênio.

Os desafios sociais

"A Igreja não pode dar respostas antigas a problemas novos". Esta clarividente sentença do purpurado brasileiro Cláudio Hummes, amigo do novo papa, atém-se ao que pensam os "cardeais peões", isto é os que elegeram o papa Francisco desde a primeira votação. Todos eles propõem para a agenda do novo pontífice uma série de questões sociais e morais improrrogáveis: desde o espaço da bioética até o debate dos anticoncepcionais, passando pelo problema da discriminação feminina e da homossexualidade.

A linha da Santa Sé sobre a investigação bioética não admite dúvidas: é uma imoralidade aquela experimentação científica na qual entra em jogo qualquer estágio da vida humana, incluídas as células dos embriões. Dificilmente o novo papa se atreverá a mudá-la.

O que parece que pode passar por uma revisão da Igreja é a proibição absoluta do preservativo. Principalmente porque alguns cardeais já começam a admitir que se poderia recomendar o preservativo como uso terapêutico e como medida de rigor para proteger a vida humana no caso concreto da luta conta a Aids.

Uma acrobacia semântica que evita afrontar a questão geral dos anticoncepcionais – esse é um debate intocável, pelo menos até agora – e que desvia a discussão para o princípio da "legítima defesa".

As pesquisas e sondagens confirmam que a maioria dos católicos praticantes utiliza métodos anticoncepcionais e mantém relações sexuais antes do matrimônio. Não o fazem por uma posição premeditada de desobediência, mas porque se considera uma questão pessoal, tanto no planejamento familiar como no grau de intimidade que possa arbitrar-se num noivado. É o chamado "cisma silencioso". Será que o sucessor de Bento XVI vai caminhar para uma doutrina moral mais tolerante, inclusive no tema da homossexualidade?

Mais além do debate sobre o sacerdócio feminino, são muitos os movimentos católicos – e não necessariamente progressistas – que reivindicam maior peso da mulher na comunidade cristã. A começar por uma presença mais concreta e mais influente nos conselhos paroquiais, diocesanos e nas universidades pontifícias.

Trata-se de um salto qualitativo e psicológico, isto e, de situar a mulher num contexto mais complexo do que o da fertilidade e da célula familiar, longe de atitudes paternalistas ou compassivas.

De massa a fermento

Os teólogos, elites intelectuais da Igreja, analisam há anos os desafios atuais e futuros de uma instituição que carrega em suas costas mais de vinte séculos de história, com enormes êxitos e rotundos fracassos. Uma instituição mastodôntica que sobreviveu ao desmoronamento dos grandes impérios e soube não só adaptar-se, mas marcar, às vezes, a agenda planetária.

Mas, desde finais do século XIX, a Igreja católica parece ter perdido sua capacidade de influência e, sobretudo, de adaptação. E isso, apesar de o Vaticano II a ter colocado teoricamente em dia e impulsionado a adequar sua doutrina sempiterna aos sinais dos tempos".

Muitos de seus mais sérios teólogos levam anos advertindo esta deriva eclesiástica. Mas o "aparato" curial faz caso omisso de suas advertências. Os teólogos sustentam que ou a Igreja perde lastro ou corre o risco de ser varrida pela história. Garantem que é a hora de a Igreja abandonar suas estruturas e sua conformação como Igreja de massas para voltar a ser o que um dia foi e o que quis seu fundador que ela fosse: fermento. Passar de massa a fermento. De Igreja de maiorias a Igreja de minorias conscienciosas e militantes.

A queda da "cortina de bambu"

Se João Paulo II derrubou a cortina de ferro, o papa Francisco terá de realizar o sonho de viajar a Moscou, a terceira Roma, e, sobretudo, derrubar a não menos resistente cortina de bambu. De fato, um de seus objetivos prioritários vai ser a normalização das relações com a China. Isto é, reinstalar com todas as garantias da lei a Igreja católica no maior país do mundo. Os contatos levam muitos anos e o novo papa está pronto para viajar ao templo comunista. A pedra no sapato é Taiwan, mas Francisco poderia estar disposto ao intercâmbio, ao diálogo.

Os quatro milhões de católicos chineses têm que render culto nas igrejas aprovadas pelo Estado, onde os sacerdotes devem declarar sua lealdade ao governo chinês no lugar do papa. Outros muitos milhões de pessoas que praticam em igrejas clandestinas leais ao Vaticano são perseguidas. As relações alcançaram seu ponto mais baixo quando João Paulo II canonizou 120 mártires católicos chineses no dia 1° de outubro, data que marca a revolução comunista chinesa, provocando indignação em Pequim.

A China garante que seu desejo de estabelecer relações com o Vaticano é "sincero", mas insiste em que para isto o papa em exercício, seja ele quem for, deve tratar Taiwan como parte da China. A Santa Sé é um dos poucos Estados do mundo que reconhece Taiwan como Estado independente.

A China obrigou os católicos de seu território a romper os laços com o papa em 1951 e recusa qualquer contato com os governos que mantêm relações com Taiwan. Segundo as autoridades chinesas, "o Vaticano deve seguir a decisão da comunidade internacional de tratar Taiwan como uma parte inseparável da China".

Segundo estimativas vaticanas, o número total de católicos que vive na China é de mais de dez milhões, a maioria dos quais são perseguidos e controlados pelas autoridades locais. Não obstante, nos últimos anos, como sinal de aproximação, relaxou-se a perseguição e as detenções domiciliares substituíram as penas de prisão.

Em muitos casos os bispos da Igreja clandestina se dissimulam com os da Igreja oficial, que são nomeados pela Oficina de Assuntos Religiosos do Partido Comunista da China (PCCh). Na maioria dos casos, para fazer frente "à carga psicológica", os bispos designados oficialmente solicitam em segredo a permissão do Vaticano antes de serem ordenados.

Por isso mesmo, uma eventual fusão entre a Igreja oficial e a Igreja clandestina não seria traumática, já que os católicos chineses se submetem, em todos os casos, ao mandato do pontífice.

Foi uma das viagens sempre sonhadas que o papa Wojtyla nunca pôde realizar. Bento XVI também não. Até o momento, o único papa que pisou no país foi Paulo VI, que passou por Hong-Kong em 1970, ainda que só tenha permanecido três horas na então colônia britânica.

Desafios políticos do novo papa

Além da queda da "cortina de bambu", da eventual visita ao patriarca de Moscou e da crescente secularização da Europa, os objetivos estratégicos do papa Francisco ou os desafios políticos do novo papa passam pelo declínio do catolicismo nos países ricos, pela competição com protestantes e evangélicos na América Latina, pelas relações com o Islã em todo o mundo, pela universalização de relações diplomáticas, pela conciliação da doutrina com o desenvolvimento tecnológico e pela adaptação da estrutura do Estado Vaticano à distribuição de católicos no mundo, que pouco ou nada tem a ver com a de trinta anos atrás.

Por exemplo, o desafio do novo papa em relação ao Islã é impedir que se converta no "diabo" do século XXI e conseguir que colabore em prol da paz e da justiça, que se oponha a qualquer guerra religiosa, que condene o fundamentalismo e o terrorismo de cunho religioso. Porque "é um pecado e um abuso pretender matar em nome de Deus", como costumava dizer o papa Ratzinger.

Há anos a Igreja pensa que o conflito entre religiões é como uma rixa entre cegos de nascimento. E, a este respeito, em Roma costuma-se contar a parábola budista do elefante e dos cegos. Um rei do norte da Índia ordenou que se reunissem em certo lugar todos os habitantes cegos da cidade. Depois, determinou que se colocasse um elefante diante deles. Ordenou então a uns que apalpassem a cabeça do animal e disse-lhes: "Assim é um elefante". Outros puderam apalpar uma orelha ou uma presa, a tromba, o tronco, uma pata, o traseiro, os pelos da cauda. Depois o monarca foi perguntando a cada um: "Como é um elefante?". E todos respondiam segundo a parte que cada um havia apalpado: "O elefante é como um cesto trançado, como uma panela, como uma relha de arado, como um armazém, como um pilar, como um almofariz, como uma vassoura". E todos se puseram a discutir, gritando: "o elefante é tal coisa e tal outra", arremessaram-se uns contra os outros e começaram a brigar e bater-se, enquanto o monarca ria a gargalhadas.

Ao pedir perdão aos judeus pelo silêncio da Igreja sobre o Holocausto, João Paulo II ganhou o apoio da comunidade judaica e do Estado de Israel. Como alemão que viveu e padeceu o nazismo, Bento XVI foi mais crítico com o antissemitismo e, ao mesmo tempo, foi um firme partidário de um Estado Palestino independente. São conhecidas as afinidades do papa Francisco com o judaísmo e suas boas relações com os muçulmanos.

A intransigência doutrinal e uma posição mais fechada no diálogo inter-religioso prejudicariam seriamente a Igreja em todo o mundo, mas especialmente na África, o continente onde está aumentando mais o número de católicos, e nas Filipinas, o principal baluarte do catolicismo na Ásia.

América Latina, presente e futuro da Igreja

Todos aqueles que esperavam um papa latino-americano ou africano que desse prioridade à luta contra a pobreza e as desigualdades Norte-Sul sentem-se justificadamente satisfeitos.

A perda crescente de paroquianos no velho continente foi uma das razões da eleição do papa alemão em 2005. Mas, apesar de sua ampla formação teológica, seu papado não pôde evitar a crescente sangria de fiéis na Europa secularizada dos templos vazios e dos seminários quase desertos.

A histórica eleição de um papa do Sul e do outro lado do Atlântico expressa provavelmente algo diferente: a Europa já não é o continente fundamental para a Igreja. Ou o deixa por impossível, ou tenta reconquistá-lo a partir da periferia. A nova estratégia evangelizadora da Igreja católica pondera o multitudinário universo de católicos batizados no continente da esperança, evangelizado há uns 500 anos pela Igreja espanhola e que, agora, poderia converter-se em evangelizador da velha e descristianizada Europa, inclusive a Espanha.

O papa que os cardeais foram buscar "quase no fim do mundo" sabe perfeitamente que as pesquisas demonstram que a Igreja católica perdeu cerca de 10% de seus fiéis na América Latina, na última década, e que o número de evangélicos aumentou na mesma proporção no dito período. Isto é, ainda que a América Latina continue sendo a região mais católica do mundo, com 43% dos mais de um bilhão de católicos do planeta, sua prevalência na região está caindo.

Cerca de 68% dos latino-americanos se identificaram como católicos nas pesquisas realizadas em 2012, enquanto que 80% se identificaram assim em 1995. Se a tendência continuar neste ritmo, só 50% dos latino-americanos se identificarão como católicos em 2025.

A diminuição da população católica pode ser consequência do aumento dos evangélicos e dos agnósticos. O número de evangélicos na América Latina chegou a 23% da população em 2012, quando era apenas 3% em 1995. A porcentagem de pessoas que não se identificam com nenhuma religião chegou aos 12% em 2012, sendo que era de 4% em 1995.

As pesquisas também mostram que só 45% dos latino-americanos se definem como praticantes de alguma religião, quase a mesma cifra que em 1995. Entre os católicos, só 42% dizem que praticam sua religião. Em alguns países, como o México, o número de pessoas que se definem como "católicos praticantes" caiu a 32% na última década.

Será que isto significa que a Igreja está perdendo influência na América Latina? Não necessariamente. Porque as mesmas pesquisas mostram que a Igreja católica é a instituição mais respeitada na América Latina, muito acima de políticos, jornalistas, empresários, polícias e membros do poder judicial.

Dizem atualmente 75% dos latino-americanos que confiam na Igreja católica, enquanto que em 2003 só eram 67% dos entrevistados. Quer dizer que o papel da Igreja como líder moral e fonte de legitimidade permanece como o referente mais sólido das sociedades latino-americanas.

O papa Francisco, bom conhecedor da realidade americana, terá que buscar novos caminhos para tentar frear esta sangria. E o fará com duas eventuais saídas: mudar a doutrina da Igreja católica em temas controvertidos como o divórcio ou o controle da natalidade, o que é muito pouco provável, ou tratar de dar à Igreja católica da América Latina uma maior representação em Roma, o que é mais provável. Dos 115 cardeais eleitores convocados a Roma para eleger o novo papa só 19 eram latino-americanos.

Talvez devesse o papa Francisco aproveitar a boa imagem da Igreja católica para aumentar seu ativismo na busca de consensos sociais numa região altamente polarizada. A Igreja poderia ajudar a construir pontes entre vários setores da sociedade em democracias frágeis como Venezuela, Bolívia, Honduras ou Guatemala, assim como o fez na Nicarágua na década dos anos de 1980. Isso seria bom para a democracia e bom para a Igreja.

Tarefas concretas

Além dos grandes desafios, apresentam-se ao papa Francisco algumas tarefas irrenunciáveis e até urgentes. Por exemplo, a reforma da cúria romana, pedida a gritos por cardeais fartos de escândalos como o do *Vatileaks* que podem salpicar a imagem de toda a Igreja. O novo papa precisa de uma cúria a seu serviço, redimensionada e que seja realmente eficaz.

Também é ineludível completar a reforma de alguns organismos relacionados com o Vaticano, concretamente do "Istituto per le Opere di Religione" (IOR, popularmente conhecido como o "banco vaticano"). Ainda que seu potencial econômico seja muito modesto, desde os anos de 1980 o IOR é fonte de notícias negativas, de suspeitas e de lendas. No pontificado de Bento XVI foram dados passos de gigante na linha da transparência, mas é preciso concluir a tarefa. Alguns, com propostas mais radicais, pedem sua supressão pura e simplesmente, ou pelo menos que se converta num banco ético.

O novo papa também não poderá baixar a guarda na "operação limpeza" das "maçãs podres" do clero, levada a cabo por Bento XVI à raiz dos casos de abusos. A experiência tem sido muito dolorosa, mas o papa Ratzinger deixou bem claro o caminho a seguir: passar do encobrimento à tolerância zero, atenção às vítimas, denúncia dos abusadores às autoridades civis e transparência total e absoluta.

Outra tarefa urgente à espera do papa Francisco é romper a dinâmica do carreirismo e do medo que reina na Igreja e que paralisa seus melhores cérebros e suas melhores iniciativas. A Igreja não pode seguir perdendo capital intelectual, moral e social. Não pode seguir laminando seus melhores teólogos, os únicos que podem dialogar com o mundo moderno. Nem pode seguir premiando a mediocridade na hora de nomear bispos.

A renúncia de Bento XVI colocou em relevo o papado visto como serviço. Cabe esperar um desenvolvimento no modo de exercer o ministério petrino. Parece claro que um homem só, por mais jovem e santo que seja, não pode arcar com todo o peso da Igreja e de seu governo. Passar de um papa que reina a um papa que governa. E, para isso, o papado precisa dotar-se de instrumentos eficazes de ajuda. Não só de uma cúria eficaz como instrumento de delegação de tarefas, mas de organismos de colegialidade pedida e exercida que não menoscabem a autoridade papal.

O Vaticano II havia previsto o sínodo dos bispos como um mecanismo apropriado para ajudar o papa no governo da Igreja. Agora se começa a falar também de uma espécie de Conselho da Coroa, que poderia fazer as mesmas tarefas atribuídas ao sínodo, mas de uma forma mais rápida e eficaz.

Reformar o governo vaticano, recuperar o prestígio perdido, conectar-se com o mundo, manter o equilíbrio entre as diferentes sensibilidades, forças, tendências, interesses, poderes e contrapoderes parece uma tarefa gigante para o novo papa.

Também não será fácil ao novo papa relançar a nova evangelização e fazê-la operativa (com novos métodos) no atual contexto da globalização capitalista. A subjetividade da sociedade de consumo instala práticas individualistas afastadas do ideário cristão que santificam o êxito e a acumulação de riquezas como paradigma da sociedade contemporânea. Os excluídos e postergados são visto como os perdedores de uma espécie de darwinismo social preconizado pelo integrismo do modelo neoliberal. Os neoconservadores, supostamente tão católicos, afastam a Igreja de suas raízes mais evangélicas.

Um Vaticano III?

Há anos que, na Igreja, se vem propondo o seguinte dilema: Para reformar e *aggiornar* a instituição é necessário convocar um novo concílio ou é suficiente retomar o Vaticano II e colocá-lo em prática depois de seu "congelamento" durante os papados de João Paulo II e de Bento XVI?

Hoje muitos se perguntam se não teria chegado o momento de convocar um novo Concílio Ecumênico, dada a soma de problemas que pesam sobre o avanço da Igreja, na complexa realidade que marca este início de novo milênio. Razões para um novo concílio não faltariam. A começar pelo fato de que algumas questões, já pendentes há 40 anos, foram obstaculizadas para não serem sequer discutidas pelo concílio, como foi o caso do celibato presbiteral ou da moral sexual.

Outras questões são posteriores ao concílio e têm hoje um peso maior na problemática eclesial. Por exemplo, o vasto campo da inculturação da fé que ainda não havia emergido na consciência da Igreja na época do concílio, ou a premente problemática da mulher na Igreja e na sociedade. Não faltariam, pois, assuntos para um novo Concílio Ecumênico.

Porém, como diz o bispo brasileiro Demétrio Valentini, "não basta fazer um concílio. A dimensão de 'conciliaridade' precisa encontrar formas mais permanentes de realizar-se, não só como prática excepcional e esporádica. À medida que fortalecemos a participação e a circulação de reflexões, de intercâmbio de experiências e de conhecimento mútuo dos avanços que se fazem nas diversas igrejas particulares, vai-se fortalecendo a dimensão participativa que encontra no concílio sua expressão mais solene, mais ampla e mais decisiva".

A juízo do bispo de Jales (Brasil), um novo concílio precisa ser também um "concílio novo" na maneira de realizar-se, sobretudo pelas novas possibilidades de participação que hoje nos oferece a realidade da comunicação eletrônica. Basta pensar, por exemplo, que no tempo do Vaticano II não existia o computador e todas as emendas e votações tinham que ser redigidas à mão e passadas depois à máquina para serem distribuídas a todos os bispos.

Além disso, convocar um novo concílio comportaria a vantagem de vencer as resistências à mudança, tanto da cúria como dos setores reacionários da Igreja, crescidos depois de tantos anos de mando em praça. Mas esta convocatória poderia implicar ao mesmo tempo o risco de limitar o poder do próprio papa. Será que Francisco estaria disposto a recorrer a esta instância mesmo com o risco de autolimitar-se? Provavelmente sim, se a considera necessária para cumprir o mandato de Cristo a Francisco: "Restaura a minha Igreja, que ameaça ruir".

3
Palavra de Francisco

Prevê-se um pontificado de gestos, de decisões, mas também de palavras. Quais são as palavras de Francisco diante da realidade social, política, eclesiástica, cultural? O que pensa o novo papa a respeito do aborto, dos preservativos, da pobreza, da crise, da política, da globalização? Estas são as opiniões de Bergoglio. Palavra de Francisco.

"Irmãos e irmãs, boa-noite!

Vocês sabem que o dever do conclave era dar um bispo a Roma. Parece que meus irmãos cardeais quiseram buscá-lo quase no fim do mundo [...] mas estamos aqui. Agradeço a vocês pela acolhida. A comunidade diocesana de Roma já tem o seu bispo. Obrigado!

Estas foram as primeiras palavras de Jorge Mario Bergoglio como Francisco. Às 20:06h do dia 13 de março, quarta-feira, diante de dezenas de milhares de pessoas, o primeiro papa americano surgia na sacada e se apresentava à comunidade de fiéis.

"Não se esqueça dos pobres", é uma das máximas deste pontificado, uma das razões pelas quais Francisco é assim chamado. O nome do *poverello* de Assis, o homem da paz, da pobreza, do amor à Criação. Uma expressão para um pontificado. "Como eu gostaria de uma Igreja pobre e para os pobres", afirmou ele no sábado, dia 16 de março, diante dos jornalistas. Um projeto de uma Igreja nova. Uma Igreja, e uma sociedade, na qual Borgoglio pensa, e que sente, há várias décadas, mais de cinquenta anos, desde que decidiu se tornar sacerdote e mudar o mundo com suas mãos e seu ministério. Francisco é um homem que tem isso claro, que fala claramente, que não tem medo de dizer a "sua" verdade, mesmo que incomode, mesmo que doa, mesmo enfrentando os poderes vigentes ou a metade de uma sociedade descristanizada.

O que pensa, o que sente, no que acredita Jorge Mario Bergoglio? Qual é a sua atitude em relação ao aborto, à eutanásia, à pobreza, ao meio ambiente? Francisco é um homem sem papéis e está demonstrando isso em seus primeiros passos como bispo de Roma. Praticamente todos os seus discursos são improvisados, de uma simplicidade e espontaneidade deslumbrantes. Também foram assim suas homilias, cartas e mensagens em Buenos Aires, e durante seus anos como provincial dos jesuítas na Argentina, ou como presidente da Conferência Episcopal daquele país sul-americano.

Estas são algumas das pérolas, algumas das razões de Francisco. O abecedário do novo papa. Um papa que não deixará ninguém indiferente, e que com suas obras, mas também com suas palavras, está destinado a mudar as coisas.

***

Aborto: "O aborto nunca é uma solução. Devemos escutar, acompanhar e compreender, de nossa posição, a fim de salvar as duas vidas: respeitar o menor e mais indefeso ser humano, adotar medidas que possam preservar sua vida, permitir o seu nascimento e depois ser criativos na busca de caminhos que levem ao seu pleno desenvolvimento" (16 de setembro de 2012).

"Sem estas três atitudes – ternura, esperança e paciência – não se pode respeitar a vida e o crescimento da criança que está para nascer. A ternura nos compromete, a esperança nos lança em direção ao futuro, a paciência acompanha nossa espera no cansativo passar dos dias. [...] Quando estas atitudes não estão presentes, a criança passa a ser um 'objeto' afastado de seu pai e de sua mãe, e muitas vezes 'algo' que incomoda, um intruso na vida dos adultos, que querem viver tranquilos, voltados para si mesmos em um egoísmo paralisante" (Homilia por ocasião da Jornada pela Vida, realizada na Universidade Católica Argentina em 25 de março de 2004).

América Latina: "O contexto é o que surgiu da quinta conferência dos bispos da América Latina, que se realizou em Aparecida em 2007. Ele nos convocou para uma missão continental, todo o continente se encontra em estado de missão. Foram e continuam sendo feitos projetos, mas, acima de tudo, há um aspecto paradigmático: todas as atividades normais da Igreja se orientaram de acordo com a missão. Isso implica uma tensão muito forte entre o centro e a periferia, entre a paróquia e o bairro. Precisamos sair de nós mesmos, ir até a periferia. É preciso evitar a doença espiritual da Igreja autorreferencial: quando fica assim, a Igreja adoece. É verdade que, quando alguém sai pelas ruas, como qualquer homem ou mulher, pode sofrer acidentes. Mas, se a Igreja permanece fechada em si mesma, autorreferencial, ela envelhece. Entre uma Igreja que sofre acidentes nas ruas e uma Igreja doente, autorreferencial, não tenho a menor dúvida: prefiro a primeira".

Ano da Fé: "Bento XVI insiste em indicar como uma das prioridades a renovação da fé, e apresenta a fé como um presente que deve ser transmitido, um dom a ser oferecido, um ato gratuito a ser compartilhado. Não um processo, e sim uma missão. Essa prioridade indicada pelo papa tem uma dimensão de memória: com o Ano da Fé, recordamos o dom recebido. E isso se apoia em três pilares: a memória de termos sido escolhidos, a memória da promessa que nos foi feita e a da aliança que Deus estabeleceu conosco. Devemos renovar a aliança, nossa condição de pertencer ao povo fiel a Deus" (entrevista a Andrea Tornielli no jornal italiano *La Stampa*).

Batismo: "É hipócrita não batizar uma criança porque sua mãe é solteira. Esses são os hipócritas de hoje. E essa moça, que poderia ter devolvido seu filho ao remetente, mas teve a coragem de trazê-lo ao mundo, não encontra quem o batize".

Clericalização: "Devemos demonstrar especial ternura para com os pecadores e os que estão mais afastados, porque Deus vive no meio deles. Alguns clericalizaram a Igreja do Senhor. Eles estão cheios de preceitos e me dói dizer isso, e se parece uma denúncia ou uma ofensa, perdoem-me, mas em nossa região eclesiástica existem padres que não batizam os filhos de mães solteiras porque não foram concebidos na santidade do matrimônio". "Não à hipocrisia, não ao clericalismo hipócrita e não à mundanidade espiritual, porque isso é demonstrar que alguém é mais empresário do que homem ou mulher de Evangelho."

Comunismo e liberalismo: "Assim como o comunismo caiu por suas contradições internas, esse liberalismo também vai cair por suas contradições internas. Não devemos nos resignar a aceitar passivamente a tirania do econômico. A tarefa não deve se resumir a fazer com que as contas fechem para tranquilizar os mercados". "O liberalismo economicista está deixando um rastro de pobreza. Não devemos esquecer que o trabalho é mais importante do que o capital."

Crise: "Os sintomas do desencanto são variados, mas talvez o mais evidente seja o dos 'encantos sob medida': o encanto da tecnologia que promete coisas cada vez melhores, o encanto de uma economia que oferece possibilidades quase ilimitadas em todos os aspectos da vida aos que conseguem ser incluídos no sistema, o encanto das propostas religiosas menores, sob medida para cada necessidade. O desencanto tem uma dimensão escatológica. Ele ataca indiretamente, colocando entre parênteses toda atitude definitiva e, em seu lugar, proporciona esses pequenos encantos que funcionam como 'ilhas' ou 'tréguas' frente à falta de esperança diante dos rumos do mundo em geral. Portanto, a única atitude humana capaz de quebrar encantos e desencantos é nos colocarmos diante das coisas passadas e nos perguntarmos: Quanto à esperança, vamos de bem a melhor, subindo, ou de mal a pior, descendo? E surge, então, a dúvida. Podemos responder? Temos, como cristãos, a palavra e os gestos capazes de determinar os rumos da esperança para o nosso mundo? Ou, como os discípulos de Emaús e os que ficaram no cenáculo, somos os primeiros a precisar de ajuda?" (8 de maio de 2011).

Cúria romana: "Eu a vejo e vivo como um órgão a serviço, um órgão que me ajuda e me serve. Às vezes chegam notícias não tão boas, frequentemente aumentadas e às vezes manipuladas com sensacionalismo. Os jornalistas, às vezes, correm o risco de sofrer de coprofilia e promover, assim, a coprofagia: o pecado que se manifesta em todos os homens e mulheres, ou seja, o de ver sempre as coisas negativas e não as positivas. A cúria romana tem defeitos, mas me parece que se dá muito destaque ao mal e muito pouco à santidade de tantas pessoas consagradas e leigas que trabalham ali".

Direito à propriedade: "O direito de propriedade jamais deve ser exercido em detrimento do bem comum. Se houver um conflito entre os direitos privados adquiridos e as exigências comunitárias primordiais, cabe aos poderes públicos procurar uma solução, com a participação ativa das pessoas e dos grupos sociais".

Desigualdade: "Como é triste quando vemos que poderia perfeitamente chegar a todos, mas não chega. [...] Na vida existem muitos que se voltam cada um para o seu lado, como se alguém pudesse ter uma bênção só para si ou para um grupo. Isso não é uma bênção, mas sim uma maldição. E vejam que curioso: quem se volta para o seu lado e não para o bem comum costuma ser uma pessoa maledicente, que maldiz os outros e maldiz as coisas. Fala mal, mente, inventa, diz as coisas pela metade". "Os direitos humanos não são violados apenas pelo terrorismo, pela repressão, pelos assassinatos [...] mas também pela existência de condições de extrema pobreza e estruturas econômicas injustas que originam as grandes desigualdades."

Dor: "Por trás disso existem responsáveis irresponsáveis, gente que não cumpriu seu dever; não queremos castigá-los por castigá-los, mas sim corrigir seu coração, porque sua irresponsabilidade custa muito caro, não há preço que pague uma vida. Sabemos que em meio a tudo isso existe angústia e procura, sabemos que em meio à dor existem lembranças de momentos vividos com os que se foram, e pedimos a graça de chorar nesta cidade, que ainda não aprendeu a chorar. Tudo é resolvido com anestesia. Quase a totalidade (das vítimas) vinha ganhar o seu pão. Dignamente! Que não nos acostumemos, Pai, que para ganhar o pão seja preciso viajar como gado" (23 de março de 2012).

Drogas: "O atalho fácil, o álcool, a droga [...] tudo isso são trevas. [...] Não temos ideia do quanto é grave essa proposta tenebrosa, essa corrupção que chega até mesmo a ser distribuída nas esquinas das escolas". "Temos que defender a cria e às vezes esse mundo das trevas nos faz esquecer desse instinto de defender a cria."

Educação: "Quando li o texto antes da missa, fiquei pensando no modo como viviam aquelas primeiras comunidades cristãs e na missa de hoje [...] E me perguntei se nosso trabalho educativo não deveria seguir este mesmo caminho para alcançar a harmonia: a harmonia em todos os meninos e meninas que nos foram confiados, a harmonia interior, a de sua personalidade. É trabalhando artesanalmente, imitando Deus, 'moldando' a vida dessas crianças, que poderemos alcançar a harmonia. E resgatá-las das dissonâncias, que são sempre obscuras; a harmonia, por sua vez, é luminosa, clara, é a luz. A harmonia de um coração que cresce e que nós acompanhamos neste caminho educativo é o que precisamos alcançar. [...] Quando vejo este existencialismo tão relativo que é proposto às crianças em toda parte e que não tem um ponto de referência, muitas vezes lembro de nosso profeta portenho: 'Não importa [...] é tudo igual [...] vamos encontrar todos no inferno'. Então essas crianças, que não têm limites e são atiradas em direção ao futuro, estão no inferno. Agora! E vamos nos encontrar no inferno! E no futuro teremos homens e mulheres no inferno!" (18 de abril de 2012).

Eucaristia: "Devemos nos ater à 'coerência eucarística', isto é, ser conscientes de que não se pode receber a Sagrada Comunhão e ao mesmo tempo agir com atos ou palavras contra os mandamentos, especialmente quando favorecem o aborto, a eutanásia e outros delitos graves contra a vida e a família. Essa responsabilidade pesa principalmente sobre os legisladores, governantes e profissionais da saúde" (Documento de Aparecida).

Eutanásia: "Na Argentina, aplica-se a pena de morte no caso do aborto e da eutanásia encoberta que é aplicada a idosos enfermos".

Evangelização: "Não basta que nossa verdade seja ortodoxa e nossa ação pastoral, eficaz. Sem a alegria da beleza, a verdade se torna fria e até impiedosa e soberba, como vemos acontecer no discurso de muitos fundamentalistas amargurados. Parece que mastigam cinzas em vez de saborear a doçura gloriosa da Verdade de Cristo, que ilumina toda a realidade com uma luz suave, assumindo-a como ela é, a cada dia. Sem a alegria da beleza, o trabalho pelo bem transforma-se em um eficientismo sombrio, como vemos acontecer na ação de muitos ativistas que ultrapassaram os limites. Parece que estão revestindo de luto estatístico a realidade, em vez de ungi-la com o óleo interior do júbilo que transforma os corações, um a um, de dentro para fora" (22 de abril de 2011).

Fé: "A experiência da fé nos coloca na experiência do Espírito, caracterizada pela capacidade de pôr-se a caminho [...] Não há nada mais contrário ao Espírito do que se acomodar, se fechar. Quando não se transita pela porta da fé, a porta se fecha, a Igreja se fecha, o coração se retrai e o medo e o mau espírito 'avinagram' a Boa-nova. Quando o Crisma da fé se torna seco e rançoso, o evangelizador já não contagia mais, pois perdeu sua fragrância, constituindo muitas vezes motivo de escândalo e afastamento para muitos. Quem crê é recebedor daquela bem-aventurança que atravessa todo o Evangelho e ecoa ao longo da história, seja nos lábios de Isabel: 'Bem-aventurada és tu que creste', seja dirigida pelo próprio Jesus a Tomé: 'Felizes aqueles que creem sem ter visto!'" (9 de junho de 2012).

Futuro de uma nação: "'Jesus Cristo, Senhor da história, necessitamos de ti. Sentimo-nos feridos e angustiados. Precisamos de teu conforto e fortaleza. Queremos ser nação, uma nação cuja paixão seja a verdade e o compromisso com o bem comum', (terminava a carta pedindo a Deus no final), 'a valentia da liberdade dos filhos de Deus para amar a todos sem excluir ninguém, privilegiando os pobres e perdoando aos que nos ofendem, abominando o ódio e construindo a paz [...]'".

Pessoas simples: "A sabedoria de 'milhares de mulheres e homens que fazem fila para viajar e trabalhar de forma honrada, para levar à mesa o pão de cada dia, para economizar e ir, aos poucos, comprando tijolos para melhorar a casa [...] Milhares e milhares de crianças, com seus uniformes, desfilam pelos corredores e ruas, indo e voltando, de casa para a escola e da escola para casa. Enquanto isso os avós, que guardam a sabedoria popular, reúnem-se para compartilhar e contar histórias. Passarão as crises e manipulações; o desprezo dos poderosos os isolará com a miséria, serão oferecidos a eles o suicídio das drogas, o descontrole e a violência; eles serão tentados com o ódio do ressentimento vingativo. Mas eles, os humildes, seja qual for sua posição ou condição social, apelarão à sabedoria de quem se sente filho de um Deus que não está distante, que os acompanha com a Cruz e o encoraja com a Ressurreição nesses milagres, as conquistas diárias, que os animam a desfrutar as alegrias de repartir e celebrar" (25 de maio de 2011).

Globalização: "Não podemos renegar a cultura de nossos povos. Este é o grande perigo que a globalização traz consigo". [...]. "A função da política é o bem comum, ao contrário das ideologias, que sempre engendram violência."

Humildade: "A passagem do Evangelho nos fala da humildade. A humildade revela, à pequenez humana autoconsciente, os potenciais que ela encerra. Na verdade, quanto mais conscientes formos de nossos dons e limites, as duas coisas juntas, mais livres seremos da cegueira da soberba. E, assim como Jesus louvava ao Pai por esta revelação aos pequenos, também deveríamos louvar ao Pai por ter feito nascer o sol de maio naqueles que confiaram no dom da liberdade, essa liberdade que fez brotar no coração daquele povo que apostou na grandeza sem perder a consciência de sua pequenez" (25 de maio de 2011).

Igreja e serviço: Chamou-me a atenção a imagem evocada pelo papa, ao falar de Tiago e João, e das tensões existentes entre os primeiros seguidores de Jesus sobre quem deveria ser o primeiro. Isso nos indica que certas atitudes, certas discussões, estiveram presentes na Igreja desde o início. E isso não deveria nos escandalizar. O cardinalato é um serviço, não uma honraria da qual se orgulhar. A vaidade, a ostentação, é uma atitude de mundanidade espiritual, que é o pior pecado da Igreja. Esta é uma afirmação que se encontra nas páginas finais do livro *Méditation sur l'Église* de Henri De Lubac. A mundanidade espiritual é um antropocentrismo religioso que tem alguns aspectos gnósticos. O carreirismo, a busca do sucesso, pertencem plenamente a essa mundanidade espiritual. Para exemplificar a realidade da vaidade, costumo dizer que é como o pavão: como é bonito quando o vemos de frente! Mas, quando nos afastamos alguns passos e o vemos por trás, caímos na realidade... Os que cedem a essa vaidade autorreferencial escondem, no fundo, uma miséria muito grande.

Jovens: "Nunca poderemos ensinar a um jovem o horizonte de grandeza da pátria se usamos nossa condição de dirigentes como trampolim para nossas ambições pessoais, para nossos mesquinhos interesses, para promover os amigos que nos sustentam. [...] Quando nossos jovens nos veem enquanto dirigentes dando esse testemunho de baixeza, não se animam a sonhar, nem a crescer" (Missa pela Educação, 2010).

Nascimento de Jesus: "(Jesus) vem salvar a mim, vem salvar a você, vem salvar a todos nós. (Vêm aí) dias de movimento, dias de sentimento, mas não se esqueça: dias de nascimento, porque Natal é Jesus" (Mensagem natalina de 2012).

Justiça social: "É a justiça que alegra o coração: quando há para todos, quando vemos que existe igualdade, equidade, quando cada um tem o seu. Se você é bem-nascido, quando vê que há suficiente para todos, sente uma felicidade especial no coração. O coração de cada um se engrandece e se funde com o dos outros, dando-nos a sensação de pátria. A pátria floresce quando vemos 'no trono a nobre igualdade', como bem diz o nosso hino nacional. A injustiça, por sua vez, entristece tudo. Como é triste quando vemos que poderia perfeitamente chegar a todos, mas não chega. [...] Dizer 'todas as crianças' é dizer todo o futuro. Dizer 'todos os aposentados' é dizer toda a nossa história. Nosso povo sabe que o todo é maior do que as partes e por isso pedimos 'pão e trabalho para todos'. Como é desprezível, por outro lado, quem guarda só para o seu hoje, quem tem um coração pequeno de egoísmo e só se preocupa com aquilo que não levará consigo quando morrer. Porque ninguém leva nada. Nunca vi um caminhão de mudança atrás de um cortejo fúnebre. Minha avó nos dizia: 'a mortalha não tem bolsos'" (Homilia em 7 de agosto de 2012).

Maria: "Porque faltava algo para que Deus pudesse entrar humanamente em nossa história: Ele precisava de uma mãe e a pediu a nós. Esta é a Mãe a quem olhamos hoje, a filha do nosso povo, a servidora, a pura, a única de Deus; a discreta que dá espaço para que o Filho cumpra sua missão, a que está sempre possibilitando essa realidade, mas não como dona, nem mesmo como protagonista, e sim como servidora; a estrela que sabe se apagar para que o Sol se manifeste. Assim é a mediação de Maria, a quem nos referimos hoje. Mediação de mulher que não renega sua maternidade, assume-a desde o início; maternidade com parto duplo, um em Belém e outro no Calvário; maternidade que contém e acompanha os amigos de seu Filho, que é a única referência até o fim dos dias" (7 de novembro de 2011).

Casamento *gay* (na Argentina): "Não se trata de um mero projeto legislativo – este é apenas o instrumento – e sim de uma 'jogada' do pai da mentira, que pretende confundir e enganar os filhos de Deus [...] Aqui também está a inveja do demônio, através da qual o pecado veio ao mundo, que ardilosamente pretende destruir a imagem de Deus: homem e mulher que são incumbidos de crescer, multiplicar-se e dominar a Terra". "Não sejamos ingênuos: não se trata de uma simples luta política; é a pretensão destrutiva do plano de Deus. Hoje a pátria necessita do auxílio especial do Espírito Santo, para que traga a luz da verdade sobre as trevas do erro; que nos defenda do encanto de tantos sofismas com os quais se procura justificar este projeto de lei. Clamem ao Senhor para que envie seu Espírito aos senadores que darão seu voto. Que não o façam movidos pelo erro ou por situações de conjuntura, mas segundo o que a lei natural e a Lei de Deus indicam-lhes" (Trecho da carta às freiras carmelitas de Buenos Aires, em 22 de junho de 2010).

Missão da Igreja: "Caminhar, edificar, construir, confessar. Mas não é tão fácil, porque às vezes, quando se caminha, constrói ou confessa, ocorrem trepidações, solavancos, movimentos que não são próprios do caminho porque nos fazem retroceder [...]. Quando caminhamos, edificamos e confessamos sem carregar a Cruz de Cristo, nós, bispos, cardeais, papas, somos mundanos, e não discípulos de Cristo. Devemos ter a coragem de caminhar com a Cruz do Senhor, de edificar a Igreja sobre o sangue de Cristo e de confessar a única glória: Cristo crucificado".

Nova evangelização: "Deus vive na cidade e a Igreja vive na cidade. A missão não se opõe a ter que aprender com a cidade - com suas culturas e mudanças - enquanto saímos para lhe pregar o Evangelho. E isso é fruto do próprio Evangelho, que interage com o terreno onde cai feito semente. Não só a cidade moderna é um desafio, mas sempre o foi e será toda cidade, toda cultura, toda mentalidade e todo coração humano. A contemplação da Encarnação, que santo Inácio apresenta nos Exercícios Espirituais, é um bom exemplo do olhar que se propõe aqui. Um olhar que não fica atolado nesse dualismo que vai e volta constantemente entre o diagnóstico e o planejamento, mas sim que se envolve drasticamente na realidade da cidade e se compromete junto com ela na ação. O Evangelho é um *kerygma* aceito e que nos impele a transmiti-lo. As mediações vão sendo elaboradas à medida em que vivemos e convivemos" (25 de agosto de 2011).

Oração: "1. O polegar é o dedo que está mais perto de você. Portanto, comece rezando pelos que estão mais próximos. São as pessoas mais fáceis de lembrar. Rezar pelos nossos entes queridos é 'uma doce obrigação'.

2. O dedo seguinte é o indicador. Reze pelos que ensinam, instruem e curam. Isso inclui os mestres, professores, médicos e sacerdotes. Eles precisam de apoio e sabedoria para indicar a direção correta aos demais. Tenha-os sempre presentes em suas orações.

3. O próximo dedo é o mais alto. Ele nos faz lembrar dos nossos líderes. Reze pelo presidente, pelos parlamentares, pelos empresários e administradores. Essas pessoas dirigem os destinos da nossa pátria e guiam a opinião pública. Precisam da orientação de Deus.

4. O quarto dedo é o nosso dedo anelar. Embora muitos fiquem surpresos, este é o nosso dedo mais fraco, como qualquer professor de piano pode dizer. Ele deve nos lembrar de rezar pelos mais fracos, pelos que têm muitos problemas ou estão prostrados pela doença. Eles precisam de suas orações dia e noite. Nunca é demais rezar por eles. Deve nos convidar também a rezar pelos matrimônios.

5. E, por último, vem o nosso dedo mínimo, o menor de todos, que é como devemos nos ver diante de Deus e dos outros. Como diz a Bíblia, 'os últimos serão os primeiros'. Seu dedo mínimo deve lembrá-lo de rezar por você mesmo. Depois que tiver rezado pelos outros quatro grupos, você verá suas próprias necessidades da perspectiva correta e poderá rezar melhor por elas".

Paternidade: "É necessário que vocês saiam de si mesmos para dialogar, para se abrir aos seus filhos, brincar com eles, para que as crianças não se sintam abandonadas pelos seus pais. Isso cansa, é verdade, mas é a cruz que vocês como pais católicos devem carregar; é, porém, uma cruz fecunda" (indicou em 31 de outubro de 2009).

Pecados da Igreja: "É um convite para ver a Igreja santa e pecadora, ver certas falhas e certos pecados sem perder de vista a santidade de tantos homens e tantas mulheres que atuam na Igreja de hoje. Não devo me escandalizar, porque a Igreja é minha mãe: devo ver os pecados e as falhas como se visse os pecados e as falhas de minha própria mãe. E, quando me lembro dela, recordo sobretudo muitas coisas belas e boas que fez, não tanto suas falhas ou defeitos. Uma mãe deve ser defendida com o coração cheio de amor, antes de se usar a palavra. Eu me pergunto se no coração de muitos daqueles que dão tanta atenção aos escândalos haverá amor pela Igreja".

Pensamento único: "O pior risco, a pior doença, é a homogenização do pensamento, o autismo intelectual, do sentimento, que nos leva a conceber as coisas dentro de uma bolha. Por isso é importante recuperar a alteridade e o diálogo" (afirmou em 19 de setembro de 2009.

Pensamento político: "Iniciamos este milênio com um pesado encargo, que chamamos de 'dívida social' ou 'a grande dívida dos argentinos', que incide sobre o futuro do nosso povo. Diante dessa situação, que ameaça resultar em uma anarquia social de imprevisíveis consequências, fazemos e propomos várias considerações" [...]. "Devemos assumir nosso posto na superação da crise, mesmo à custa de grandes sacrifícios. Não podemos ser peregrinos do céu se vivemos como fugitivos da cidade terrena." [...] "Os argentinos têm esperanças, mas não se deixam iludir por soluções mágicas nascidas de transações obscuras e pressões de poder que absorvem as instituições."

Pobreza e desigualdade social: "Os direitos humanos não são violados apenas pelo terrorismo, pela repressão e pelos assassinatos, mas também por estruturas econômicas injustas que originam grandes desigualdades. Diante disso, é preciso uma resposta ética, cultural e solidária".

Poder político: "Esta 'loucura' do mandamento do amor que o Senhor nos propõe e que nos defende em nosso ser afasta também as outras 'loucuras' tão cotidianas que mentem, prejudicam e acabam impedindo a realização do projeto de nação: a do relativismo e a do poder como ideologia única. O relativismo que, com a desculpa do respeito às diferenças, homogeniza na transgressão e na demagogia; permite tudo para não assumir a contrariedade, que exige a coragem madura de sustentar valores e princípios. O relativismo é, curiosamente, absolutista e totalitário, não permite divergir do próprio relativismo, não difere em nada do 'cale-se' ou do 'não se meta'. O poder como ideologia única é outra mentira. Se os preconceitos ideológicos distorcem o olhar sobre o próximo e a sociedade segundo as próprias seguranças e medos, o poder feito ideologia única acentua o enfoque persecutório e preconceituoso de que 'todas as posturas são esquemas de poder' e 'todos querem dominar os outros'. Desta maneira corrói-se a confiança social, que, como ressaltei, é raiz e fruto do amor" (25 de maio de 2012).

Preservativos: "Quem disser que a Igreja mudou nesse aspecto, está mentindo. A Igreja é contrária à banalização da sexualidade".

Próximo: "Quando você estiver subindo, cumprimente a todos. São os mesmos que você vai encontrar quando estiver descendo", relembrou o atual papa quando ia se encontrar com João Paulo II.

Prostituição: "A escravidão não foi abolida. Nesta cidade, ela está na ordem do dia", declarou em Buenos Aires sobre o tráfico de seres humanos. "Nesta cidade trabalhadores são explorados em fábricas clandestinas e, no caso de imigrantes, privados da possibilidade de saírem. Nesta cidade existem crianças vivendo nas ruas, há anos. Existem muitas, e esta cidade fracassou e continua fracassando em nos livrar dessa escravidão estrutural que é a de viver nas ruas. [...] Mulheres e meninas são submetidas ao uso e abuso do seu corpo."

Ser cardeal: "Os cardeais não são agentes de uma ONG e sim servos do Senhor, sob a inspiração do Espírito Santo, que é quem faz a verdadeira diferença entre os carismas, e ao mesmo tempo os conduz à unidade na Igreja. O cardeal deve levar em conta a diferença dos carismas e, ao mesmo tempo, visar a unidade. Com a consciência de que o autor, tanto da diferença como da unidade, é o mesmo Espírito Santo. Um cardeal que não leve isso em conta não me parece ser um cardeal segundo o que pede Bento XVI".

Sofrimento dos inocentes: "O sofrimento de pessoas inocentes e pacíficas não cansa de nos esbofetear; o desprezo pelos direitos das pessoas e dos povos mais fracos não nos é tão distante; o império do dinheiro, com seus efeitos demoníacos, como as drogas, a corrupção, o tráfico de pessoas, inclusive de crianças, juntamente com a miséria material e moral, são moeda corrente. [...] Pouco a pouco nos acostumamos a ouvir e a ver, através dos meios de comunicação, a crônica negra da sociedade contemporânea, apresentada quase que com uma perversa satisfação, e também nos acostumamos e convivemos com a violência que mata, que destrói famílias, acende guerras e conflitos em tantos países do mundo. Convivemos com a inveja, o ódio, a calúnia, a mundanidade em nossos corações. A destruição do trabalho digno, as emigrações dolorosas e a falta de futuro se juntam, também, a essa sinfonia. Nossos erros e pecados enquanto Igreja também não ficam de fora desse grande panorama. Os egoísmos pessoais justificados, mas nem por isso menores, a falta de valores éticos dentro de uma sociedade que faz metástase nas famílias, na convivência dos bairros, povoados e cidades, expressam nossa limitação, nossa fraqueza e nossa incapacidade para transformar esta lista inumerável de realidades destruidoras" (Carta para a Quaresma, Buenos Aires, 13 de fevereiro de 2013).

Tráfico de pessoas: "Hoje, nesta cidade, queremos que seja ouvido o grito, a pergunta de Deus: Onde está o seu irmão? Que essa pergunta de Deus percorra todos os bairros da cidade, percorra o nosso coração e, sobretudo, penetre também no coração dos 'cains' modernos. Talvez alguém pergunte: Que irmão? Onde está o seu irmão escravo?! Aquele que você está matando todos os dias na fábrica clandestina, na rede de prostituição, nos abrigos das crianças que você usa para pedir esmolas, para 'campanhas' de distribuição de drogas, para roubos e para serem prostituídas...? Onde está o seu irmão, aquele que precisa trabalhar quase escondido como catador de papel, porque ainda não foi legalizado...? Onde está o seu irmão...? E, diante dessa pergunta, como fez o sacerdote que passou ao lado do ferido, podemos nos fazer de distraídos; como fez o levita, podemos olhar para o outro lado porque a pergunta não é para mim, é para outra pessoa. A pergunta é para todos! Porque, nesta cidade, está instalada a prática de tráfico de pessoas, esse crime mafioso e aberrante (como uma autoridade definiu, há poucos dias, de forma tão apropriada): crime mafioso e aberrante!" (25 de setembro de 2012).

"A dignidade é conquistada com o trabalho, porque ganhamos nosso pão e isso nos faz manter a cabeça erguida. Mas, quando não é o trabalho que vem em primeiro lugar, mas sim a ganância, a acumulação de dinheiro, aí começa uma cascata descendente de degradação moral. E essa cascata termina na exploração de quem trabalha. Esta frase não é minha, foi dita ontem pelo papa (Bento XVI) em uma audiência [...] Justiça por esses homens e mulheres submetidos ao tráfico de pessoas em qualquer categoria: fábricas clandestinas, prostituição, crianças submetidas ao trabalho agrícola e catadores de papel que ainda não conseguiram se unificar, como alguns de vocês já conseguiram fazer, graças a Deus" (Homilia na missa em memória das vítimas do trabalho escravo, em 27 de março de 2011).

Velhice: "Cristo é o único salvador de todos os homens. Este anúncio é válido hoje como era no início do cristianismo". Aos cardeais: "Mais da metade de nós já está na velhice. É uma fase da vida, que é também a sede da sabedoria". "A sabedoria de Simeão lhe permitiu reconhecer Jesus. Os idosos são como um bom vinho que adquire mais sabor, portanto vamos doar aos jovens esta sabedoria para sua vida." "A velhice é o tempo da tranquilidade e da oração" (Discurso aos cardeais na Sala Clementina, 15 de março de 2013).

Vítimas da ditadura: "Eu conheci em La Rioja uma Igreja perseguida, que tinha o nome de Wenceslao, Gabriel, Carlos, testemunhas da fé que pregavam e que deram seu sangue pela Igreja, pelo povo de Deus, por pregarem o Evangelho. Acredito que, nesse dia, alguém ficou contente, acreditou ter sido um triunfo seu; mas foi a derrota dos adversários. A lembrança de Wenceslao, Carlos, Gabriel e do bispo Enrique não é uma simples memória encapsulada; é um desafio que hoje nos convoca a olhar a trajetória deles, homens que olharam somente o Evangelho" (Catedral de La Rioja, 4 de agosto de 2006).

Violência: "Viemos chorar por mais do que esses 194 (os mortos no incêndio); chorar por nossa cidade que ainda não chora. Nossa cidade que não tem lágrimas de mãe para esses filhos que hoje recordamos. Esta cidade vaidosa, fútil, orgulhosa, corrupta. Esta cidade que maquia as feridas de seus filhos para que não a façam sofrer. Não as cura, maquia-as. Esta cidade não chora e nós, hoje, viemos aqui chorar. Choramos recordando esses jovens que morreram e dizemos a esta cidade: 'olhe, a maioria deles morreu entrando e saindo para salvar os outros; não fugiu para salvar sua pele'. A dor não vai embora, ela caminha conosco. O pior que podemos fazer é anestesiá-los com outras distrações. Temos que assumir a dor como vocês" (Missa pelo 5º aniversário da tragédia da boate Cromagnon, em 30 de dezembro de 2009).

"Já sabemos que quem anda pelas ruas precisa de proteção. Pedimos proteção diante da insegurança que causa tanta violência desenfreada em nossa sociedade."

4

O primeiro papa americano

Jorge Mario Bergoglio e continente onde vive a metade dos católicos do mundo

Francisco é o primeiro papa americano. O continente, onde vive a metade dos católicos do mundo, é o presente e o futuro da Igreja católica. Que desafios terá de enfrentar o novo papa diante da Teologia da Libertação, os governos de esquerda e a paz? As relações entre o pontífice e a presidenta Kirchner serão melhores? Espanha, uma ponte entre dois continentes, um país amado pelo papa Bergoglio.

Irmãos e irmãs, boa tarde. Sabeis que o dever de um conclave é dar um bispo a Roma, e parece que meus irmãos cardeais foram buscá-lo no fim do mundo, mas já estamos aqui.

Jorge Mario Bergoglio, o primeiro papa americano na história da Igreja, já está aqui. Para trás ficaram os receios diante de uma Igreja muito "liberal", a pouca representação Ibero-americana no Colégio Cardinalício, a sensação de que, depois de dois papados europeus, voltava-se a "mencionar" um pontífice italiano. Não. O novo papa é americano, argentino para maiores informações. O que presume a escolha de um papa do novo continente? Em primeiro lugar, a confirmação de que a Igreja católica, ou pelo menos os seus principais responsáveis, se deram conta da sua universalidade.

Na América (América do Norte e América Latina) vivem 586 milhões de católicos, a metade do total do planeta. Os dois países com maior número de católicos são: o Brasil, sede da próxima Jornada Mundial da Juventude, com 133 milhões; e o México, com 96 milhões.

Um continente vivo, com uma Igreja muito mais dinâmica e aberta aos deleites e às esperanças da humanidade sofredora. O berço da Teologia da Libertação, injustamente condenada pelos dois pontificados anteriores e que, no entanto, continua sendo canteiro de vocações e de esperança para toda a humanidade. A velha Europa deixa de ser o centro da cristandade. O deserto vocacional que invade os países europeus de antiga tradição católica (Itália, a hoje laica França...) fez, por necessidade ou por força, que os olhos se dirigissem ao novo continente.

Uma Igreja em espanhol

Aparecida, Puebla, Medellín... são alguns dos indícios da nova Igreja cuja pujança também começa a ser uma realidade na África e na Ásia. Um continente que fala, em sua maioria, castelhano e que foi evangelizado pelos missionários espanhóis, muitos deles jesuítas como o novo papa. A especial relação entre Espanha e Ibero-América provavelmente ver-se-á potencializada ao longo deste pontificado. E falar-se-á, mais do que nunca, em castelhano.

De fato o próprio Bergoglio, mesmo que, em sua nova qualidade de bispo de Roma profira seus discursos em italiano, não pode evitar que suas palavras, especialmente quando improvisadas, sejam na língua de Cervantes. Provavelmente a melhor língua para orar, com a qual se comunicavam com Deus místicos como João da Cruz ou Teresa de Ávila; com a qual teorizaram Domingo de Soto, Francisco de Vitória e os mestres da Escola de Salamanca; a qual levaram a todos os cantos da Terra Bartolomeu de Las Casas ou Francisco Javier; e com a qual morreram mártires como Oscar Romero, Ignácio Ellacuría, Juan Gerardi ou o argentino Enrique Angelelli, falecido durante a ditadura militar e que foi exemplo no magistério pastoral do atual papa.

"Era um verdadeiro pastor com suas ovelhas. Eu vivi esse diálogo entre o pastor e o seu povo", manifestou Bergoglio durante as solenidades do 30° aniversário do assassinato do bispo de La Rioja. "Angelelli nos proporcionou o retiro espiritual e passamos dias maravilhosos e inesquecíveis porque tinha a sabedoria de um pastor que dialogava com seu povo", enfatizou o então cardeal Bergoglio, reconhecendo que o ex-bispo de La Rioja estava à frente de uma Igreja perseguida.

"Caminhava com seu povo até as periferias; era um homem de periferias, saía ao encontro; por isso foi perseguido e os anseios de seu povo fizeram sangrar o seu pastor", destacou o papa, que esclareceu que a vida e o martírio de Angelelli "não são simples memórias encapsuladas" e pediu que "observemos o carinho que manifestou entre o seu povo, porque queria aos homens e mulheres, livres. Estava apaixonado pelo seu povo, pelos pobres, pelos enfermos, e levava consigo um projeto humano e divino".

É que a Igreja latino-americana é uma Igreja de mártires e do povo. Uma Igreja que, como dizíamos, foi maltratada em muitas ocasiões pela imobilizada estrutura romana. Jon Sobrino, Leonardo Boff ou Ivone Guevara foram algumas das vítimas de João Paulo II e, por extensão, de Joseph Ratzinger. Ernesto Cardenal sofreu na carne a admoestação pública por parte de Wojtyla durante sua visita a Nicarágua. E clama ao céu que, enquanto se impulsionam beatificações e canonizações expressas (Escrivá de Balaguer, Madre Teresa, o próprio Wojtyla), continuem postergados *sine die* os processos de Oscar Romero, o bispo mártir de El Salvador, ou os mártires jesuítas da UCA. Uma questão que hoje muitos esperam que o novo papa reative.

Pelo menos assim manifestou o bispo auxiliar de San Salvador, Gregorio Rosa Chávez. "O papa, que tenho a felicidade de conhecer pessoalmente, tem uma devoção por Romero e uma convicção total de que é um santo e um mártir; portanto, tudo indica que os astros estão alinhados para que o beatifique." "Se houvesse uma enquete entre os países da América Latina, haveria uma esmagadora maioria absoluta a favor do monsenhor Romero; portanto creio que o momento está se formando, só que estamos no tempo de Deus, que não é igual ao nosso tempo", esclareceu. Veremos nos próximos meses a beatificação de Romero? Seria, sem dúvida alguma, um gesto significativo para uma Igreja que sofre, que crê, que sente desde o barro, desde a opção preferencial pelos pobres, os mesmos aos quais o papa Francisco dedicou seu pontificado.

Onde vivem os católicos

Não se deveria desdenhar a influência e o impacto da Igreja americana.

Segundo o informativo "A população católica global", do Pew Center, oferece dados destruidores. Em 1910 o principal feudo dos católicos era a Europa, com 65% dos fiéis, seguida pela América e Caribe (24%). Um século depois, 39% dos católicos vivem nesta região, enquanto que na Europa se encontram apenas 24% do total.

Na América Latina vivem 432 milhões de católicos, e em toda América 586. Em escala numérica, o continente é um autêntico exército da fé. 1.914 bispos, 300.718 missionários, 122.607 sacerdotes. (Há um sacerdote para cada 4.779 católicos.) Só nos Estados Unidos vivem 25 milhões de católicos hispanoparlantes. E, no entanto, no conclave passado, só 19 dos 115 purpurados provinham da América Latina. Somados aos 11 estadunidenses e três canadenses, dão um total de 33 votos. Apenas um terço dos que conseguiu Bergoglio.

Mudança de rumo na Igreja? Os dados parecem apontar que sim.

Francisco e a Argentina

O novo papa desenvolveu toda a prática do seu ministério na Argentina. Nascido em Buenos Aires em 17 de dezembro de 1936, os Bergoglio haviam viajado anos antes desde a Piemonte familiar até a florescente Argentina. Filho de Mario, ferroviário, e Regina, dona de casa, estudou Química, teve namorada, dançou tango, jogou futebol – é torcedor do San Lorenzo de Almagro, time que na primeira partida depois da designação papal colocou sua imagem na camiseta do clube. E ganharam – e aos 21 anos descobriu sua vocação para o sacerdócio. Desde então passaram-se 55 anos, e não deixa de crer e de pensar na Igreja. E de fazê-lo em castelhano, o idioma no qual rezam mais de 400 milhões de católicos.

Em 1957 o químico Bergoglio decidiu transformar-se em sacerdote.

Entrou para o seminário no bairro de Villa Devoto, como noviço da ordem jesuíta. Foi um processo duro, longo e trabalhoso. Onze anos depois, em 13 de dezembro de 1969, Jorge Mario Bergoglio era ordenado sacerdote.

Dedicado ao estudo e à pastoral, e a difícil situação da Companhia de Jesus na Argentina levou os seus responsáveis a designá-lo provincial desde 1973 a 1979, durante a Ditadura militar. Seu trabalho foi premiado por João Paulo II, que o designou bispo auxiliar de Buenos Aires em 1992. Cinco anos depois, devido ao frágil estado de saúde do arcebispo Quarracino, foi nomeado bispo coadjutor, tendo acesso ao arcebispado em 28 de fevereiro de 1998. Durante o consistório de 21 de fevereiro de 2001 o papa João Paulo II lhe ordenou cardeal do título de São Roberto Belarmino. Além disso, constituiu-se no primado da Argentina, resultando assim no superior hierárquico da Igreja católica deste país.

As relações com o casal Kirchner foram especialmente tensas. O papa Francisco e os governantes argentinos estiveram quase nove anos frente a frente: apenas uns metros separam a Casa Rosada da catedral metropolitana. No entanto, tanto com Néstor como posteriormente com Cristina, as relações foram muito tensas e conflituosas, entre outras razões porque o atual papa se opôs aos planos do governo que postulavam uma total autonomia do Estado em relação à Igreja.

A educação e tudo o que tem a ver com a moral, fundamentalmente com o sexo: a família, o matrimônio, a questão do aborto, o matrimônio igualitário, as relações extraconjugais, foram os principais pontos de atrito. O primeiro conflito sério veio em maio de 2004, quando Bergoglio falou em uma homilia da necessidade de mais diálogo político; criticou a intolerância, "o exibicionismo e os anúncios estridentes", o que gerou grande incômodo no governo.

Um ano depois, em 2005, Kirchner rompeu com a tradição e não compareceu ao *Te Deum*, um ato religioso que se celebra a cada 25 de maio na Argentina para comemorar a Independência do país, a Revolução de Maio. Bergoglio cancelou o *Te Deum*, mas não demorou a falar de "partidocracia" e de uma "interiorização facciosa". A partir desse ano os Kirchner passaram a assistir ao *Te Deum* fora da capital.

Suas homilias, nas quais Bergoglio mencionava com frequência a situação política e econômica, mereceram respostas por parte de Néstor Kirchner. "Os direitos humanos se violam não só pelo terrorismo, pela repressão, pelos assassinatos, mas também pela existência de condições de extrema pobreza e de condições econômicas injustas que originam as grandes desigualdades", disse em setembro de 2009 o arcebispo de Buenos Aires, depois de uma série de notas que os meios argentinos haviam publicado sobre o crescimento da fortuna dos Kirchner.

Em 2005, dias antes de Kirchner decidir romper com a tradição de ir ao *Te Deum* na catedral, o bispo Antonio Baseotto criticou o presidente por sua posição em favor da descriminação do aborto e pela distribuição de 10 milhões de preservativos. Baseotto decidiu enviar uma carta ao então ministro da Saúde, Ginés González García, na qual aludia a uma citação bíblica que Jesus pronunciou: "Quem escandaliza aos pequenos merece que lhe pendurem uma pedra de moinho ao pescoço e o lancem ao mar".

Aqui há um problema que se aguçou com a ditadura genocida, com o poder militar que sequestrou e torturou com a legitimação que lhe dava a Igreja católica. O bispo castrense, como bispo das Forças Armadas, foi desautorizado pelo governo por seu enfrentamento com o ministro da Saúde. "Lançar ao mar é um símbolo muito forte, sabe-se muito bem que na Argentina os militares lançavam ao mar os prisioneiros", afirma o teólogo Rubén Dri.

O governo de Kirchner tentou retirar Baseotto do cargo em março de 2005, mas o Vaticano não aceitou a decisão. Nessa ocasião Bergoglio tentou desligar-se do comportamento de Baseotto, mas o caso terminou de romper as relações Igreja-Estado.

Em 2007, quando Cristina Kirchner sucedeu ao seu esposo no cargo, teve um encontro com o cardeal Bergoglio. Continuaram distantes, mas nunca igual ao seu marido. "A relação se suavizou com Cristina Kirchner, que é mais católica que seu esposo", explicam os especialistas consultados.

"Kirchner via Bergoglio como um político, um articulador da oposição, mas também como um sacerdote. O pico da tensão se alcançou depois da aprovação da lei de matrimônio entre pessoas do mesmo sexo; Bergoglio convocou uma 'guerra de Deus' contra a lei".

O cardeal enviou uma carta às freiras carmelitas de Buenos Aires em junho de 2010, na qual lhes dizia que não se tratava de uma simples luta política, que o povo argentino estava a ponto de enfrentar algo que feria gravemente as famílias. Escreveu que estava em risco "a vida de tantas crianças que seriam discriminadas de antemão, privando-as da maturação humana que Deus quis que se desse com um pai e uma mãe". E lhes pediu para orar pelos deputados: "Que eles nos socorram, defendam e acompanhem nesta guerra de Deus".

Em 2011 Bergoglio adotou como bandeira a luta contra as uniões matrimoniais entre pessoas do mesmo sexo, organizou marchas e enviou uma carta a todos os sacerdotes para pedir-lhes que durante suas missas falassem "do bem inalterável do matrimônio e da família".

No final de 2011 o sacerdote jesuíta deixou de ser o presidente da Conferência do Episcopado Argentino. Havia cumprido seus seis anos no cargo, durante os quais o via caminhar e andar em ônibus ou em metrô para ir visitar as favelas.

Quase uma hora depois da nomeação do papa Francisco, Cristina Fernández lhe enviou uma mensagem distante e burocrática: "Haverá um papa pertencente à América Latina, e desejamos de coração a Francisco que consiga um grau maior de fraternidade entre os povos".

Um dia antes da missa de inauguração do seu pontificado, Bergoglio recebeu a presidenta argentina em sua primeira audiência como papa. Não se viam desde 2010. Depois de um encontro de vinte minutos ambos os governantes almoçaram juntos. O Vaticano, que em princípio não deu detalhes do encontro, disse que a recepção havia sido "particular". Segundo o porta-voz do Vaticano, Federico Lombardi, considera-se o encontro como um "gesto de cortesia e afeto" para a chefe de Estado e o povo argentino, de onde procede o papa.

Francisco e Fernández de Kirchner mantiveram um diálogo muito cordial, segundo indicaram fontes vaticanas. A presidenta o presenteou com um *kit* de chimarrão em couro, que continha uma cuia de prata e sua bombilha, uma garrafa térmica para a água e dois recipientes para a erva-mate e o açúcar, e uma típica manta argentina, de lã de vicunha.

Por sua vez, Bergoglio lhe entregou uma maiólica da praça de São Pedro e um livro, como marco de um diálogo informal e descontraído no qual a presidenta lhe perguntou: "Posso tocá-lo?" E o papa respondeu aproximando-se e dando-lhe um beijo na face. "Nunca um papa havia me beijado", respondeu ela surpreendida e sorridente, segundo as imagens.

Um desafio para o mundo

"Estamos felizes e satisfeitos. A escolha de um latino-americano mostra que a Igreja se abre para todos, que não está orientada somente a Europa", proclamava, depois da designação papal, o secretário-geral da Conferência Nacional dos Bispos do Brasil, Leonardo Steiner. O presidente do Equador, Rafael Correa, também se mostrava exultante: "Finalmente poderei conversar em castelhano com um papa que não me pergunte onde está o meu país". É que a escolha do primeiro papa americano coloca o continente no mapa de relevância católica, não esqueçamos que é a religião mais influente e seguida do mundo.

A escolha de Bergoglio é um desafio para o mundo. Assim afirmava até mesmo o presidente dos Estados Unidos, Barack Obama, que apontava que "sua escolha também fala da força e da vitalidade de uma região que de forma crescente está dando forma a nosso mundo". "Como advogado dos pobres e dos mais vulneráveis entre nós, o papa leva a mensagem de amor e compaixão que inspirou o mundo durante mais de dois mil anos", destacou o presidente da maior potência mundial (China à parte), que assegurou que "é o momento de trabalhar com sua santidade em favor da paz, da segurança e da dignidade para nossos iguais seja qual for a nossa fé".

Até o Nobel Mario Vargas Llosa, declarado agnóstico, saudava a designação papal como uma oportunidade de mudança na instituição. "Espero que se inicie o processo de modernização da Igreja, liberando-a de anacronismos como não tratar de temas como o sexo e a mulher. Caso contrário, continuará perdendo audiência", afirmou o ganhador do Prêmio Nobel de Literatura.

Vargas Llosa destacou que os problemas com a pederastia "que quase destruíram a Igreja", surgiram da "intolerância ao sexo" patrocinada pela cúpula católica. Também considerou que o novo pontífice "parece moderno, com atitudes mais congregacionais" que podem lhe permitir iniciar a modernização da Igreja.

E uma porta aberta para América Latina. A primeira viagem do novo pontífice, prevista para este verão, será a primeira pedra de toque. Especula-se que, além de visitar o Brasil para o encerramento da Jornada Mundial da Juventude, Francisco aproveite a viagem sobre o Atlântico para visitar a sua Argentina natal, e talvez a Colômbia, como um modo de avalizar a atuação da Igreja do país no difícil e atormentado processo de negociação com a guerrilha das Farc.

Muitos líderes latino-americanos se declararam abertamente católicos, ainda que, com posturas radicalmente contrárias à atual política vaticana sobre a região. Assim, Dilma Rousseff, como outrora Luiz Inácio Lula da Silva, provém dos setores sindicais afins à Igreja católica do país onde ainda mora o último dos grandes profetas do mundo, Pedro Casaldáliga. Correa, no Equador, Evo Morales na Bolívia, ou Hugo Chávez, recentemente falecido – a cuja "inspiração divina" deve-se a escolha do primeiro papa latino-americano, segundo uma não muito feliz declaração do presidente em exercício, Nicolás Maduro –, da Venezuela, são mostras da inspiração evangélica, com todos os condicionantes da expressão, na política do continente.

No México, o país de língua hispânica mais povoado de católicos do planeta, 84% dos cidadãos creem que Francisco terá um melhor papado que o seu antecessor, e três de cada quatro afirmavam que a sua nomeação gera confiança. Sete de cada dez, além disso, creem que Bergoglio dará uma relevância prioritária ao continente durante seu pontificado.

Seja como for, a verdade é que a América Latina se configura como uma reserva vital de crentes para a Igreja católica. Mas não é alheia a disputas internas. O longo pontificado de João Paulo II abusou da ascensão de bispos nitidamente conservadores, distantes das aspirações das comunidades populares autênticas, referentes ainda hoje, da fé no continente. Nomeações como o de Juan Luis Cipriani no Peru ou Norberto Rivera no México não foram exatamente um chamado ao diálogo entre a facção mais conservadora e as ideologias próximas à Teologia da Libertação.

O desafio se multiplica naqueles países onde a Igreja católica se posicionou como um ator principal nos conflitos internos.

Assim, foram muitos os sacerdotes sequestrados e assassinados pelas Farc na Colômbia; as tensões entre o cardeal Urosa e o falecido Chávez na Venezuela criaram, mais de um, sério conflito diplomático; a situação dos católicos em Cuba, apesar da abertura promovida pelo regime dos Castro depois das visitas de João Paulo II e Bento XVI, continua sendo caótica; o cardeal Maradiaga, um dos influenciadores de votos a favor de Bergoglio, está ameaçado de morte depois de sua duvidosa intervenção no frustrado golpe de Estado, que faz agora três anos; e no Chile, onde a presença da Igreja católica é incontestável, ainda sobrevivem as inércias da conivência de quase três décadas com a ditadura de Augusto Pinochet.

A sombra de Angelo Sodano neste país continua sendo prolongada.

Tudo isso somado ao forte impacto das confissões evangélicas, que nas últimas décadas fizeram retroceder o catolicismo, especialmente na América Central, onde estes grupos – patrocinados por fortes setores norte-americanos – florescem como cogumelos depois da chuva. Em países como a Guatemala, tradicionalmente católicos, 30% da população já se confessa evangélica. Nesta conjuntura, o desafio da Nova Evangelização se projeta como absolutamente prioritário. Uma evangelização mais baseada na materialização do Evangelho no povo, e não na imposição de dogmas e estilos mais próprios da velha Europa, baseados no trabalho dos novos movimentos eclesiásticos diante do impulso, ainda crescente, de dominicanos, jesuítas ou carmelitas.

No México, o grande país católico onde se localiza o santuário mais visitado da Terra – a basílica de Nossa Senhora de Guadalupe –, a confiança na instituição sofreu um autêntico golpe depois que se conheceram as atrocidades, consentidas pela Santa Sé, do pederasta Marcial Maciel à frente dos Legionários de Cristo, um dos movimentos – junto ao Opus Dei e aos kikos – com maior presença no continente e que agora se debate entre a refundação e a sobrevivência do monstro que foi seu fundador, "apóstolo da juventude", tal como o proclamou João Paulo II.

Os católicos da América Latina têm sua própria lista de disputas a respeito da função que a Igreja deve cumprir na região. Isto inclui desde lutas do passado ao redor da Teologia da Libertação, ainda latentes mesmo que menos visíveis segundo especialistas, até distintas formas de se colocar diante de temas como o aborto, os abusos sexuais na Igreja ou a força inovadora do Movimento Carismático Católico.

"A Igreja (na América Latina) é tudo menos homogênea", afirmava Roberto Blancarte, sociólogo especialista em religião no Colégio do México, professor-visitante do Centro de estudos latino-americanos da Universidade de Stanford e ex-conselheiro da embaixada mexicana perante o Vaticano.

Diversos analistas coincidem que os setores mais conservadores ganharam um poder indiscutível na hierarquia católica latino-americana durante os pontificados de João Paulo II e Bento XVI. Isto permitiu ao Vaticano diminuir a influência da Teologia da Libertação na região, cujo sermão, em favor da mudança social e da luta pelos pobres, foi visto por ambos os papas como um movimento político de inspiração marxista contrário aos interesses da Igreja.

Instituições que ensinavam essa teologia foram fechadas e promotores da mesma, como o brasileiro Leonardo Boff, foram substituídos.

Mas muitos duvidam que a Igreja tenha conseguido unir-se e tenha fechado definitivamente essa disputa na América Latina.

"Quando falamos das diferenças dentro da Igreja, obviamente continuam existindo porque o grupo que defendia a Teologia da Libertação [...] não morreu", diz Blancarte. "Muitos se foram para organizações não governamentais, de defesa dos direitos humanos ou de outro tipo, onde continuam atuando como membros da Igreja, mas não necessariamente dentro da estrutura eclesiástica", acrescentou o especialista.

Outros temas interessantes para a Igreja católica em nível global também pressupõem um desafio para sua unidade na América Latina, inclusive dentro dos setores tradicionais ou liberais. Entre eles o aborto ou o uso de preservativo, o acesso das mulheres ao sacerdócio, as questões relativas à moral sexual, à eutanásia e ao uso de células-tronco.

"São temas com os quais a Igreja católica continua num debate que causa divisões", afirma Rosado Nunes, fundadora do movimento Católicas pelo Direito de Decidir no Brasil, que, como em outros países, promove mudanças na visão católica sobre reprodução e sexualidade feminina.

A recente onda de escândalos sexuais e de abusos de menores dentro da Igreja também sacudiu a instituição na América Latina.

Um exemplo disso foi a polêmica que gerou a negativa de Bento XVI ao reunir-se no ano passado, em sua última viagem à região, com vítimas de abusos sexuais cometidos pelo sacerdote mexicano Marcial Maciel, fundador da Ordem Legionários de Cristo, sancionado oficialmente a pedido do próprio pontífice e falecido em 2008.

Blancarte explica que há "uma divisão entre grupos conservadores" da Igreja sobre a conveniência de indagar e condenar abertamente esses abusos e sustenta que os cardeais latino-americanos dificilmente promovem este assunto.

"É muito estranho que nos países desenvolvidos estes casos se manifestem e na América Latina não", diz. "E é absurdo pensar que na América Latina não haja abusos sexuais por parte dos sacerdotes."

O papa e a Espanha

É praticamente impossível entender a Igreja latino-americana sem a ponte que supôs, e que hoje continua supondo, a Igreja católica espanhola. A evangelização do Novo Continente se produziu, em boa medida, graças aos missionários espanhóis que ainda hoje continuam levando o Evangelho e a esperança a milhões de pessoas que vivem às margens da pobreza, da desigualdade e da injustiça. Até no código político se espera que as relações Igreja-Estado se intensifiquem, graças ao bom trabalho realizado pelo atual embaixador, Eduardo Gutiérrez Sáenz de Buruaga, e a mais presumível cumplicidade entre o papa e o cardeal Santos Abril. Até o ponto em que o diplomático espanhol entrou nas apostas como um futurível secretário de Estado vaticano.

O papa Francisco mantém uma cordial e distendida relação com nosso país, onde viveu durante seis meses em 1971. Assim recorda o irmão José Maria Ucendo, de 85 anos, que foi cozinheiro da residência jesuíta de Alcalá de Henares desde 1968 até pouco tempo. Ucendo se lembra de Bergoglio: "Sua amabilidade e que era um bom jesuíta. Dos mais fervorosos. Muito boa gente".

O lugar se converteu, horas depois da designação do novo papa, num lugar de peregrinação.

O superior desta residência, Enrique Climent, que não teve o prazer de conhecer o seu "humilde" ex-companheiro, mostra as instalações nas quais o novo papa decidiu terminar sua formação na Companhia de Jesus, a Terceira Aprovação. "Essa fase é uma escola de afeto. Nada acadêmico, mas de coração. Uma experiência renovadora", explica.

Este sobe ao primeiro piso. Passa por um corredor que dá acesso aos dormitórios dos residentes. Cada um tem apenas oito metros quadrados, com banheiro incluído, e sem aparelhos eletrônicos. "Os quartos se remodelaram. Eram similares quando Bergoglio dormiu aqui. Possuíam uma cama, uma cadeira e uma mesa. Mas em vez de tábua corrida havia ladrilho e os banheiros eram compartilhados", relata.

Não faltam minúcias para a recordação de Francisco nesta santa casa. "Dos meses que passou, um esteve em silêncio, dedicado às quatro rezas diárias, tal como marca a *Tertiam Probationem*. Não era um *showman*, senão bem mais tímido", detalha Climent. O que não passou despercebido foi seu interesse pelo futebol. "Escolheu Alcalá de Henares por sua grande tradição a Santo Ignácio. Fez muitas visitas culturais e entre elas certamente escapou um dia ou outro para o Santiago Bernabéu", adiciona o superior. O *tour* continua pelo arquivo, onde se encontra o tomo onde ficou registrado Bergoglio; o refeitório; a biblioteca; três de suas seis capelas.

"A Igreja está igual a quando ele esteve aqui", destaca Climent diante do altar.

Da residência de Santo Ignácio pensou em enviar uma carta a sua santidade para, "quando sua agenda o permita", detalha o superior, "volte a percorrer conosco estas instalações e Alcalá de Henares".

Em 2006 Bergoglio conduziu os Exercícios Espirituais dos bispos espanhóis. Convidado por Ricardo Blázquez e Antonio Cañizares, líderes na época agitada em que o cardeal Rouco se viu substituído da presidência da Conferência Episcopal, o atual papa evitou luxos e se alojou em uma residência universitária. Naquele tempo ninguém sabia que se tornaria papa, e o arcebispo de Madri, que hoje ao contemplar o seu papel à frente da Igreja espanhola está mais do que reduzido, não quis sequer recebê-lo.

"Estou contente porque temos papa e porque temos este papa", apontou Rouco Varela depois de saber da designação de Francisco, a quem o ainda arcebispo de Madri qualificou como "um irmão", "muito simples" e "muito amável", no "estilo de viver o ministério episcopal depois do Concílio Vaticano II", algo que, em sua opinião, "se parece bastante com Bento XVI". "Tem uma grande autenticidade pessoal", destacou.

Segundo explicou, a escolha do nome Francisco é "significativa" e "tem a ver com sua história de jovem universitário que terminou seu curso de Química, que se fez sacerdote e logo após se fez jesuíta". Lembrou a importância de são Francisco de Assis na conversão do fundador da Companhia de Jesus, santo Inácio de Loyola, que teve sua perna prejudicada depois do assalto a Pamplona e ao ler sobre a figura de Francisco, perguntou-se por que não podia ser como ele, "desprendendo-se de tudo para seguir ao Senhor".

Quem evidenciou sua alegria pela nomeação foi o cardeal de Sevilha, Carlos Amigo. "O papa se preocupa pelas situações nas quais as pessoas sofrem, pelos mais insignificantes, quer estar perto de todos", afirmou a RD momentos depois que a fumaça branca saiu da capela Sistina.

Também o cardeal Cañizares, o único dos espanhóis que ressoou em alguma aposta como "papável", incide que "Deus presenteou à Igreja com um papa para os pobres". Quanto ao nome escolhido, o responsável da Congregação para o Culto Divino e a Disciplina dos Sacramentos indica que "é a sua melhor descrição: um homem de Deus, um homem de fé, que ama com paixão a Igreja e deseja uma Igreja renovada e santa; uma pessoa humilde e simples; um homem evangélico, das bem-aventuranças que proclama felicidade aos pobres e aos sofridos; é uma pessoa que vive a pobreza e ama aos pobres e está com eles e em favor deles, de verdade. Uma pessoa livre".

Sobre o fato de ser um papa americano, Cañizares sustenta que "cabem muitas leituras. Uma é que, de um país que foi evangelizado somente há 500 anos, vem a nós um papa que confirma toda a Igreja na fé, recebida pela evangelização realizada pela Espanha. América é o continente da esperança, com o maior número de católicos. É preciso acrescentar que a Igreja é universal, é uma, e está estendida, e chamada a estender-se, até os confins da Terra, até chegar a todos os seus cantos".

Finalmente, o cardeal de Barcelona, Lluís Martínez Sistach, definiu o novo papa como "uma pessoa muito próxima à gente, é um homem muito simples e um pastor", e enfatizou que "na América Latina é um homem muito aceito".

"É uma figura renovadora. O novo papa é uma música diferente. Há coisas que não se podem tocar, mas há outras que sim", disse o cardeal arcebispo de Barcelona, que assegurou que as relações entre o Vaticano e a Catalunha são "douradas e creio que as manteremos e as intensificaremos".

Martínez Sistach explicou que já conhecia pessoalmente o novo papa porque haviam se encontrado em várias reuniões e que haviam se falado antes do conclave, e anunciou que está pensando em convidá-lo para visitar a capital catalã, tal como fez ao seu antecessor Bento XVI. A escolha de Jorge Mario Bergoglio como sucessor de Bento XVI "para mim não foi nenhuma surpresa", disse o cardeal catalão, que confessou que "o que procurávamos era o papa que convinha para este mundo e para esta Igreja. Acertamos".

5

O papa jesuíta

Francisco e as realidades eclesiais

O primeiro papa jesuíta chama-se Francisco, em homenagem ao fundador de outra ordem religiosa. Muda o polo de relevância, o modelo de Igreja. De uma nova evangelização marcada por kikos, Opus Dei ou Legionários de Cristo, para o retorno da vida religiosa. Ser jesuíta infunde caráter. Apostar na pobreza do santo de Assis, também. De uma Igreja uniforme para uma Igreja mosaico.

Pela primeira vez na história um soldado do papa chega a papa. Pois é esse, em essência, o significado da eleição papal do jesuíta argentino Jorge Mario Bergoglio. Com o novo papa Francisco, a ordem religiosa mais poderosa e numerosa do catolicismo torna-se a esperança da Igreja. A partir de agora, os dois papas, o *papa branco* (Francisco) e o *papa negro* (Nicolás), como é chamado o geral dos jesuítas, pertencem à mesma Companhia. A dos Companheiros de Jesus e soldados do papa.

Em época de atribulação não fazer mudança, dizia santo Inácio de Loyola, o fundador dos jesuítas. Todavia, ao menos nisso, os 115 cardeais reunidos em conclave não seguiram o conselho do santo fundador espanhol. E, num momento em que a autoridade moral e a influência social da Igreja católica estavam afundando, optaram pela grande mudança: um papa latino-americano e jesuíta. E com 76 anos. Para um pontificado de transição, como costumam ser os papados revolucionários ou reformistas.

Por que um jesuíta e não um dominicano, um agostiniano recoleto, um salesiano ou um franciscano? Pela pessoa, mais do que pela ordem, mas também por esta. Num momento de desesperança globalizada, os cardeais decidiram-se por um membro da Companhia porque, desde sempre, a ordem dos jesuítas oferece seriedade, profundidade intelectual e espiritual, acompanhada de austeridade, honradez, personalidade e opção pela justiça. Ou, em termos consagrados, "opção preferencial pelos pobres".

É tudo isso o que o conclave procura quando elege o papa Bergoglio. Um jesuíta intelectualmente dotado, provado na pastoral, profundamente espiritual, dialogante, aberto ao mundo e empenhado na luta pela justiça. Um apaixonado por uma Igreja samaritana e com entranhas de misericórdia. E, obviamente, um homem de caráter, com brios para governar a cúria e a Igreja.

É o retorno dos soldados de Deus à primeira linha de fogo. E quando a Igreja precisa deles, ali estão os jesuítas. Sempre obedientes. Dispostos a defender o papa e a Igreja *perinde ac cadaver* (até a morte), se for necessário.

Os jesuítas perderam plumas na gateira da secularização, mas continuam a ser o "santo e senha" e o ponto de referência da Igreja católica. O papa Wojtyla infernizou a vida deles, depôs seu carismático Geral, Pedro Arrupe, interveio a Companhia, nomeou um comissário e quis afastá-los para sempre da sala de comando da Igreja. Disto deu testemunho, já faz alguns anos, Joaquín Barrero, então provincial de Castela e hoje conselheiro geral: "João Paulo II marginalizou-nos e optou abertamente pelos novos movimentos". Acontece que o papa polonês queria para sua "nova evangelização" uns infantes de marinha mais dóceis e compactos. Mais espiritualistas e menos propensos à profecia e à Teologia da Libertação. Dos kikos até os Legionários, passando pela Obra. Não sem razão, dizia-se com frequência que, durante seu papado, "o Opus Dei substituiu os jesuítas no coração do papa".

Mais de 30 anos se passaram e a aposta do papa Wojtyla se mostrou perdedora: as igrejas se esvaziam e a secularização e a descristianização avançaram como nunca. É o cisma silencioso: a sangria constante de fiéis para a indiferença religiosa, que os novos movimentos (dos neocatecumenais de Kiko Argüello à Comunhão e Libertação do papável Angelo Scola, passando por Focolares ou Opus Dei) não conseguiram deter. Seu modelo de Igreja involutivo, doutrinário, rígido e baseado em certezas não deu resultado. É hora de mudança de modelo e atores principais.

Sempre fiéis a Pedro apesar das dificuldades, os jesuítas apertaram os dentes e aguentaram. À espera de tempos melhores. Com Bento XVI as coisas entraram nos eixos. Como grande teólogo, o papa Ratzinger estava ciente do muito que a Igreja deve à Companhia. Especialmente em nível de ideias e de luta pela justiça. E com ele os jesuítas saíram fortalecidos de seu particular inverno eclesial.

Talvez porque eles são como Jano Bifronte: capazes de educar as elites em suas prestigiosas universidades e de compartilhar a luta pela justiça com as bases dos empobrecidos nos piores podredouros da humanidade.

Num mundo que busca a excelência e numa Igreja sem grandes pensadores, os jesuítas seguem brilhando em todos os campos do saber. Desde os tempos em que competiam com os dominicanos, a quem chamavam de *Domini canes* ("cães de Deus"), a alta teologia é deles. Uma teologia de enorme conteúdo teórico, embora sempre com os pés bem no chão. Estando situados na fronteira social e intelectual, é lógico que eles sejam perseguidos e que a instituição não os digira bem, como evidenciam as últimas condenações vaticanas a dois de seus grandes teólogos, Jon Sobrino e Roger Haight.

Perseguidos ou não, os jesuítas, com a força das ideias, acabam por arrastar a Igreja. Daí a importância das mudanças que eles vão introduzindo, que por certo criam precedentes na instituição.

Por exemplo, o anterior *papa negro*, o padre Kolvenbach renunciou, pela primeira vez na história, ao seu cargo vitalício. Alguns anos depois, o mesmo faria o *papa branco*, Bento XVI. De fato, há quem pense que Bento XVI permitiu que Kolvenbach apresentasse a demissão ao seu cargo vitalício porque ele próprio cogitava, já então, da possibilidade de tomar a mesma decisão.

E o fez, entrando com isso para a história.

Tão importantes quanto suas decisões organizativas e estruturais são as apostas da Companhia para o futuro. Um roteiro que, segundo consta de suas últimas constituições, passa por estas premissas: promoção da justiça, ecologia, diálogo inter-religioso, senso da eclesialidade, colaboração com os laicos, luta contra o fundamentalismo religioso, culturas indígenas ou China, o novo horizonte.

Sempre à frente e na fronteira, é por ali que passam hoje sem dúvida o presente e o futuro imediato da Igreja. E pelo imediato jesuíta que vai dirigi-la. Um *papa branco* irmão gêmeo do atual *papa negro*, o espanhol Adolfo Nicolás, cujo retrato falado antes de sua eleição rezava o seguinte: "Homem de contemplação, com os pés no chão e sensibilidade para os movimentos culturais, com capacidade para tomar decisões rápidas de modo a não perder o ritmo dos tempos, com boa saúde e capacidade para dialogar com a máquina da cúria". Enquadra-se o papa Francisco neste retrato de Geral jesuíta?

A reação da Companhia

Desde a eleição está sendo vendida a ideia de um papa jesuíta, certamente por trazer um acréscimo à chegada do papa Francisco ao sólio pontifício. Mas Bergoglio é mesmo o papa dos jesuítas? Continua a se sentir jesuíta o novo papa que, desde que foi eleito bispo em 1992, rompeu relações jurídicas com a Companhia? O que opinam dele seus antigos companheiros? O que dizem os teólogos da Companhia a respeito dele?

Desde que foi nomeado bispo auxiliar de Buenos Aires por João Paulo II, em 1992, Jorge Mario Bergoglio deixou de pertencer, ao menos teoricamente, à Companhia de Jesus, onde ingressara em 1958 e da qual foi formador e chegou a ser provincial – isto é, superior – na Argentina, de 1973 a 1979. De vocação tardia, Bergoglio formou-se primeiro em Química, entrando para o seminário em 1955 e para o noviciado jesuíta em 1958. Depois de fazer seus estudos humanísticos no Chile, obtém a licenciatura em Filosofia, em Buenos Aires, em 1963.

Entre 1964 e 1965 foi professor de Literatura e Filosofia no Colégio da Imaculada de Santa Fé e em 1966 lecionou as mesmas matérias no Colégio do Salvador de Buenos Aires. Em 1967 inicia seus estudos de Teologia e é ordenado sacerdote em 13 de dezembro de 1969. Entre 1970 e 1971 realizou a Terceira Provação em Alcalá de Henares e em 22 de abril de 1973 fez sua profissão perpétua. Nesse mesmo ano foi designado provincial ou responsável nacional dos jesuítas argentinos, cargo que desempenhou durante seis anos. De 1980 a 1986 foi reitor do Colégio Máximo e da Faculdade de Filosofia e Teologia da mesma Casa de São Miguel, bem como pároco da paróquia do patriarca são José na diocese do mesmo nome.

Após essa experiência pastoral viajou à Alemanha, onde concluiu a sua tese doutoral. Ao regressar à Argentina, Bergoglio foi lotado por seus superiores no Colégio do Salvador, sendo transferido depois para a Igreja da Companhia na cidade de Córdoba como diretor espiritual e confessor.

João Paulo II nomeou-o bispo titular de Auca e auxiliar de Buenos Aires em 20 de maio de 1992. Alguns anos depois, em 28 de fevereiro de 1998, assumiu o cargo de arcebispo titular da arquidiocese de Buenos Aires, sucedendo ao cardeal Antonio Quarracino. Uma carreira brilhante, propiciada de Roma pelo papa que tinha "comissionado" a Companhia de Jesus e que nutria profundo receio por ela. Pois João Paulo II chegou a dizer aos jesuítas que não confiava neles.

Aliás, os problemas de Jorge Bergoglio com a Companhia remontam aos anos em que assumiu a direção dos jesuítas na Argentina, de 1973 a 1979. É nesse período que seu *curriculum* apresenta os dois momentos vitais mais polêmicos. Um deles fora e outro dentro da congregação.

Sua postura para fora ou sua relação com a ditadura militar argentina é assim descrita pelo teólogo jesuíta Jon Sobrino: "Bergoglio foi superior dos jesuítas da Argentina desde 1973 até 1979, nos anos de apogeu da repressão do genocídio cívico-militar. Não parece justo falar em cumplicidade da parte dele com essa repressão, mas parece correto dizer que naquelas circunstâncias Bergoglio teve um afastamento da Igreja popular, comprometida com os pobres.

Não foi um Romero. Bergoglio não apresentava a imagem de Dom Angelleli, bispo argentino assassinado pelos militares em 1976. É bem provável que a lembrança viva de Leónidas Proaño, Dom Juan Gerardi ou Sergio Méndez lhe acorresse ao coração, mas ela não costumava aflorar em público".

Dessa época faz parte, com efeito, um dos momentos mais delicados de sua biografia. Concretamente em 1976, os jesuítas Franz Jalics e Orlando Yorio foram sequestrados por agentes do regime quando os dois exerciam numa favela em Buenos Aires. Os dois jesuítas foram libertados depois de cinco meses de torturas. Yorio morreu em 2000 no Uruguai, ao passo que Jalics foi para a Alemanha e refugiou-se na meditação e na prece para sobrelevar a experiência sofrida.

O então provincial Bergoglio fez tudo o que pôde para libertar os padres ou colaborou com a ditadura? A questão de suposta colaboração do atual papa Francisco com a Junta, particularmente nesse caso, foi abordada alguns anos atrás pelo jornalista argentino Horacio Verbitsky e agora ressurgiu com a eleição do pontífice.

O próprio Bergoglio respondeu às acusações em 2010 no livro *El jesuita*, negando terminantemente tal colaboração.

O padre Jalics declarou recentemente, num comunicado, que viajou a Buenos Aires anos atrás a convite do arcebispado da capital argentina e que "abordou a questão" e "está em paz com Bergoglio".

Por sua vez, o Vaticano teve de rejeitar estas acusações e, num duríssimo comunicado, negou "clara e firmemente" que o hoje papa tenha colaborado com a ditadura argentina no passado.

O porta-voz Federico Lombardi tachou de "calúnias difamatórias" as insinuações de conivência com a Junta Militar. No seu entender, trata-se de uma campanha que provém dos "elementos da esquerda anticlerical para atacar a Igreja, e deve ser rejeitada".

Neste ressurgimento da polêmica quanto ao papa, são significativas as afirmações do argentino Adolfo Pérez Esquivel, Prêmio Nobel da Paz. O ativista dos direitos humanos rejeitou abertamente essas acusações ao falar para a rede de televisão britânica BBC, dizendo que "houve bispos que foram cúmplices da ditadura argentina, mas não Bergoglio".

O novo papa "é questionado porque se diz que não fez o necessário para tirar os dois sacerdotes da prisão. Eu sei pessoalmente que muitos bispos pediam à Junta Militar a libertação de prisioneiros e sacerdotes e não eram atendidos", acrescentou Pérez Esquivel.

A controvérsia com a Companhia

Para contextualizar a relação pessoal de Bergoglio com a Companhia é preciso levar em consideração que, em 1965, o vice-provincial do Japão, Pedro Arrupe, é eleito Geral da Congregação Geral 31. Durante seu mandato o carismático prepósito dá uma guinada na Companhia, orientando-a para a justiça social e a inculturação do Evangelho.

Isso gerou mal-estar nos setores jesuítas mais conservadores. Com efeito, na década de 1970 surgiu na Espanha uma linha abertamente oposta ao Geral padre Arrupe. Autodenominados "jesuítas em fidelidade", a "vera Companhia" ou "os descalços", eles opunham-se frontalmente à modernização da ordem iniciada pelo prepósito basco após o Concílio Vaticano II.

Como explica o sacerdote e escritor Manuel de Unciti, "tratava-se de regenerar um corpo religioso que eles viam desvitalizado e bastante afastado da inspiração do santo fundador. Depois de muito debate, Roma não deu seu consentimento, embora a iniciativa chegou a ser avalizada por alguns bispos espanhóis".

O zênite da rebelião se deu em 1974, quando os líderes, capitaneados pelo padre Luis María Mendizábal, solicitaram abertamente ao papa Paulo VI que os autorizasse a desligar-se da Companhia e a criar uma província espanhola diretamente dependente da Santa Sé.

Contudo, embora apoiados pelos bispos mais conservadores, em especial o então cardeal de Toledo, Marcelo González, eles não conseguiram seu intento. Graças a Tarancón. "O cardeal Tarancón e Arrupe frearam a cisão perante Paulo VI", diz um jesuíta que vivenciou aquelas vicissitudes.

O padre Mendizábal era um dos líderes da rebelião e, vendo-se desautorizado, retirou-se a seu exílio dourado em Toledo, sob o manto de seu protetor, o cardeal González Martín.

Obstinado, com carisma e dotes, ele continuou a pregar a sua postura em silêncio e quase no anonimato, estendendo a sua espiritualidade entre laicos, jovens, casais, sacerdotes e freiras. Uma espiritualidade muito conservadora, quase tridentina, por certo, mas sempre dentro dos cânones doutrinais.

Assim, aos poucos, ele foi fazendo escola. Uma escola espiritual vinculada à Igreja pré-conciliar, severa e inflexível, mas que se espalhou como espuma. Concretamente, o padre Mendizábal é o inspirador da "Fraternidade sacerdotal e movimento apostólico Getsêmani". Trata-se de um grupo que atua nos setores mais reacionários e foi acusado de utilizar técnicas sectárias na captação.

Tem três pés: os padres da Fraternidade Sacerdotal, as freiras da Fraternidade Reparadora e os jovens laicos de Getsêmani.

Dos padres da Fraternidade procedem, entre outros, dois bispos espanhóis: o de San Sebastián, dom Munilla, e o de Coria-Cáceres, dom Cerro. E nas fileiras do episcopado já há outros prelados "simpatizantes".

São os chamados "bispos do Sagrado Coração", assim descritos por Manuel de Unciti: "Os seminaristas do círculo do jesuíta em questão se ajuramentaram sob o santo e senha de Loyola. O novo grupo seria um acicate para a vida espiritual deles e para o fomento de uma amizade fraterna, pondo toda a sua confiança no Coração de Jesus. Aos poucos, porém, quase imperceptivelmente, o grupo foi adquirindo o perfil de um grupo de pressão. Comparece às reuniões dos sacerdotes e seus membros intervêm conforme diretrizes combinadas entre eles". E até conseguem mitras.

Todavia, as mais conhecidas da galáxia Mendizábal são as freiras da Fraternidade Reparadora no Coração de Cristo Sacerdote. A congregação, hoje formada por mais de 125 religiosas, instalou-se num convento abandonado na vila de Oropesa e lá começou no seu ideal de vida espartana.

O noviciado dura quatro anos. Elas acordam ao alvorecer, dedicam a manhã inteira à adoração de Jesus Sacramentado, exposto em sua igreja e, à tarde, estudam ou trabalham nos afazeres pastorais da paróquia. Elas não têm despensa e vivem daquilo que as pessoas lhes dão a cada dia. Quando não têm o que comer, elas jejuam. Não têm televisão nem rádio. Dormem sobre tábuas sem colchão, jejuam todas as quintas-feiras e mortificam-se com cilícios e disciplinas. Elas mal comem. Vivem da caridade das pessoas, mas estão proibidas de armazenar comida; portanto, se lhes dão mais do estritamente necessário, elas o jogam fora. Além disso, fazem jejum com muita frequência. Passam frio. Não há sistema de calefação no convento e elas não têm roupa de agasalho, isto é, usam a mesma roupa no inverno e no verão. Flagelam-se ou usam cilícios. Aliás, recusam-se a mostrar as costas, para que ninguém veja as marcas. Assim que entram no convento, raspam-lhes o cabelo. Não podem receber informação do exterior: nem televisão, nem rádio, nem imprensa etc. A única informação que elas recebem de fora são umas fitas gravadas pelo padre Mendizábal, nas quais ele as informa daquilo que acha que devem ter conhecimento. Dormem no chão, sobre pedaços de papelão.

Embora não sejam freiras de clausura, elas só podem usar o telefone com autorização expressa nem podem ir para sua casa jamais (só podem receber familiares de tempo em tempo). Em decorrência disso tudo, padecem problemas de saúde como anemia, ausência de menstruação, desmaios frequentes etc. Além disso, elas tomam banho sempre com água fria, não são donas sequer da sua roupa íntima e são acordadas a breves intervalos para rezar.

Portanto, o padre Mendizábal é um dos jesuítas que fundaram ou orientaram novas congregações na segunda metade do século XX, todas elas com perfil tradicional. Como Rodrigo Molina, fundador de Lumen Dei, ou Tomás Morales, com os Cruzados e Cruzadas de Santa Maria, ou José Ramón Bidagor Altuna, conselheiro espiritual dos Discípulos dos Corações de Jesus e Maria, ou José María Alba Cereceda, fundador da União Secular de Santo Antônio Maria Claret e da Associação da Imaculada e São Luís Gonzaga. São filhos de santo Inácio inscritos no refluxo pós-conciliar.

Na trilha do Padre Mendizábal

Bergoglio não chegou a fundar novas congregações religiosas, mas quem conheceu o então provincial dos jesuítas na Argentina garante que ele era da linha do padre Mendizábal e que contestou abertamente as diretrizes do padre Arrupe.

Segundo o teólogo José María Castillo, bom conhecedor da Companhia da qual fez parte durante mais de 50 anos, "Bergoglio teve dificuldade em aceitar o novo viés que o Superior-Geral dos jesuítas, Pedro Arrupe, deu à Companhia de Jesus ao assumir, como projeto da ordem, 'o serviço da fé e a promoção da justiça'. Talvez isto explique o fato de as relações entre Bergoglio e os jesuítas não parecerem fáceis". Na mesma linha aponta o catalão José Ignacio González Faus, também teólogo e jesuíta: "Quanto a Bergoglio, os receios vêm de sua época de jesuíta e as esperanças de sua época de arcebispo. Suas relações com os Gerais Arrupe e Kolvenbach foram muito tensas. Ele dividiu a província argentina em duas facções ainda não totalmente reconciliadas. Diz-se que é um homem com incrível capacidade de sedução, mas com uma paixão de poder que o torna terrivelmente duro com aqueles que não seguem a sua linha".

De fato, quando depois dele assumiu como provincial o holandês Andrés Swinnen, a divisão continuava e levou muitos anos até se encerrar. Em termos similares se pronuncia o teólogo e filósofo jesuíta Juan Antonio Estrada, catedrático da Universidade de Granada: "Bergoglio tem sido um jesuíta controverso, muito distante da linha adotada pela Companhia no generalato do padre Arrupe. Ele situou-se na corrente tradicionalista da Companhia, sendo aplaudido por uns e criticado e rejeitado por outros, dentro e fora da Argentina. Como outro jesuíta ilustre, Von Balthasar, Bergoglio assumiu uma postura de rejeição à orientação do governo da Companhia".

Logo, não parece que o novo papa venha a contar sempre com o beneplácito da Companhia como jesuíta. Ao menos para o setor majoritário que seguiu a linha de Arrupe e moldou na Congregação Geral de 1975 (a de número 32) a nova forma de entender a missão: "Fé e Justiça". Entretanto, como sempre, Francisco contará com o apoio incondicional dos jesuítas, sempre soldados obedientes do sumo pontífice. Seja ele quem for.

Com efeito, a Companhia ainda não digeriu a eleição do sempre Bergoglio. Primeiro, pelo seu passado. Depois, porque os jesuítas têm de enfrentar um fato novo nos quase cinco séculos de vida da ordem: que um de seus membros ocupe a cadeira de Pedro. Uma circunstância incomum, uma vez que a Companhia sempre defendeu como normativa geral (com exceções, é claro) que seus "soldados" não ocupem postos proeminentes na hierarquia, a não ser em terras de missão.

Daí a mesura e a ponderação da nota divulgada pelo atual Geral da Companhia de Jesus, o espanhol Adolfo Nicolás:

Em nome da Companhia de Jesus dou graças a Deus pela eleição do novo papa, cardeal Jorge Mario Bergoglio, S.J., que abre para a Igreja uma etapa cheia de esperança. Todos os jesuítas acompanhamos com a oração este nosso irmão e agradecemos-lhe a generosidade de aceitar a responsabilidade de guiar a Igreja num momento crucial.

O nome de "Francisco" pelo qual desde agora o conhecemos evoca em nós seu espírito evangélico de proximidade com os pobres, sua identificação com o povo simples e seu compromisso com a renovação da Igreja. Desde o primeiro momento em que se apresentou perante o povo de Deus, ele tem dado visível testemunho de sua singeleza, sua humildade, sua experiência pastoral e sua profundidade espiritual.

"É traço distintivo da nossa Companhia ser um grupo de companheiros [...] unido com o romano pontífice por um vínculo especial de amor e serviço" (NC 2, n. 2). Por isso, compartilhamos a alegria da Igreja toda ao passo que desejamos renovar a nossa disponibilidade para ser enviados à vinha do Senhor, conforme o

espírito de nosso voto especial de obediência, que tão particularmente nos une com o santo padre (CG 35, D.1, 17).

E o comunicado da província de Argentina-Uruguai é ainda mais preciso, lacônico e protocolar:

"A Província Argentino-Uruguaia da Companhia de Jesus alegra-se com toda a Igreja e felicita especialmente o S.E.R. Card. Jorge Mario Bergoglio, S.J. pela eleição como sumo pontífice e eleva uma oração de ação de graças a Deus por esta missão de serviço encomendada ao papa Francisco. P. Alejandro Tilve, S.J. Provincial Província Argentino-Uruguaia Companhia de Jesus."

Qual será, de agora em diante, a atitude real da Companhia quanto ao papa Francisco? Após a etapa de "inverno" e ostracismo a que foram condenados por João Paulo II, os jesuítas começaram a se reerguer com Bento XVI. De fato, desde então eles mantêm uma presença visível na Santa Sé. Controlam a Rádio Vaticana, voz do papa no mundo, o observatório astronômico e uma das universidades pontifícias mais prestigiosas e tradicionais, a Gregoriana.

De mais a mais, dois jesuítas importantes fazem parte do círculo de poder vaticano: Federico Lombardi, porta-voz da Santa Sé, e Luis Francisco Ladaria, secretário da poderosíssima Congregação para a Doutrina da Fé. Atualmente, a ordem conta com 67 bispos e cinco cardeais, todos eles anciãos. E desde quarta-feira passada um deles é o papa.

Sempre pragmática e respeitosa de seu quarto voto (obediência ao papa), ninguém duvida que a Companhia de Jesus estará ao lado de Francisco. Queira ela ou não, a chegada do primeiro jesuíta ao sólio pontifício afetará direta e indiretamente à congregação fundada por Inácio de Loyola. Porque é como tal, como jesuíta, que ele entrará para a história.

Por isso ela há de se esmerar na obediência e ajudar o papa Francisco a fundo perdido. Sem esquecer que um dos últimos ícones dos jesuítas, o cardeal Carlo Maria Martini, já o apresentou como seu papável preferido no conclave de 2005. Não foi por acaso que Bergoglio mereceu a bênção de Martini. Este, por sua vez, conhecedor pela própria experiência das enormes potencialidades humanas, religiosas e espirituais da Companhia, certamente renovará seu envio às fronteiras da pobreza, sem descuidar de suas tarefas clássicas de evangelização baseada no ensino e no cultivo do pensamento teológico. Francisco contará, sem dúvida, com seus "companheiros" para edificar a "Igreja pobre e para os pobres" que tanto anseia.

A alma franciscana do jesuíta Bergoglio

Por muitas discrepâncias que mantenha com a congregação, um jesuíta nunca deixa de ser jesuíta. Ao eleger o nome de Francisco, Jorge Mario Bergoglio tornou-se um pontífice jesuíta com alma franciscana. Ele casou as duas ordens religiosas, outrora rivais e diferentes. Isto porque os jesuítas nasceram para educar as elites e terem presença no universo da cultura, da ciência e da arte, ainda que depois do generalato de Arrupe tenham se voltado também para a libertação dos pobres e oprimidos. Por sua vez, os franciscanos nasceram para ser pobres e se fazer pobres com os mais pobres.

Ao casar as duas ordens religiosas, é como se o papa se dispusesse a corporificar em sua pessoa as diversas almas da Igreja. A somar, em vez de subtrair. A assumir e potencializar o sadio pluralismo do mosaico religioso eclesial. Em busca da síntese entre o compromisso franciscano e a inteligência jesuíta. Para cumprir o mandato de Deus ao *Poverello* de Assis: "Francisco, repara minha Igreja, que ameaça ruir. Mas não te dediques a recuperar as ruínas. Deixa que elas se percam e constrói algo novo, o que eu sonhei: um templo sem pedras, um templo de vida sem torres de poder nem muros sagrados, um templo de corações livres e bons".

Eis como o teólogo José Arregi "casa" Inácio de Loyola com Francisco de Assis:"Francisco de Assis: humilde e livre, manso e subversivo, e sempre o menor. Inácio de Loyola: cheio de luz na mente e de lágrimas nos olhos, mestre e diretor de almas e de obras, e sempre peregrino. Ambos amaram Jesus com imensa ternura e quiseram viver como ele: sem nada e com todos. Com três séculos de distância – no limiar do Renascimento Francisco, no da Modernidade Inácio –, os dois sonharam que a Igreja voltasse para Jesus, que aquela imponente estrutura de poder e riqueza erigida ao redor de Roma se despojasse, se desarmasse, se humanizasse, se evangelizasse e pudesse oferecer de novo o consolo e a libertação de Jesus. Isso não aconteceu. Para Francisco organizaram uma grande ordem, Inácio foi utilizado para a Contrarreforma e o sonho deles não pôde se realizar. Mas segue a existir e é mais urgente do que nunca".

Ocorre que, como explica o franciscano arcebispo de Tânger, Santiago Agrelo, "o nome de Francisco, que o papa quis adotar para si, projeta no futuro da Igreja os traços de uma comunidade pobre, que se sabe muito amada por Deus e vive apaixonada pelo seu Senhor. O nome de Francisco fala de amor a Cristo, amor à Igreja, amor aos pobres, amor à pobreza. O nome de Francisco evoca um mundo de irmãos, um mundo que há de ser amado e respeitado porque é criatura de Deus, que na criação nos deixou a marca de seu amor".

Com satisfação similarmente grata se dirige ao novo papa o Ministro Geral dos Franciscanos, Frei José Rodríguez Carballo:

Beatíssimo Padre: "Bendito aquele que vem em nome do Senhor!".Este é o grito de júbilo de quantos esperávamos em oração que o Senhor desse à sua Igreja um novo pastor. Por Francisco I, "louvado sejas meu Senhor". Eis a oração cheia de gratidão que os filhos de são Francisco, espalhados pelo mundo inteiro, elevamos gozosos depois de termos notícia de sua eleição como bispo de Roma e sucessor do apóstolo Pedro.

Santidade: Ainda não sabíamos daquele a quem o senhor escolhera e já o amávamos. Ainda não conhecíamos seu nome, e já orávamos por V. Emª. E quando ouvimos seu nome, aqueles que o conhecíamos nos alegramos sobremaneira. E nosso regozijo multiplicou-se quando soubemos que decidira se chamar Francisco.

Em nome de todos os Irmãos Menores: Felicidades, Santo Padre, porque o Senhor se fixou em V.Emª. e os Senhores Cardeais o apontaram como o escolhido. E obrigado, Santidade, por ter escolhido um nome tão significativo para o mundo, para a Igreja e, por certo, para todos os franciscanos: o nome de Francisco.

Santidade: Com filial afeição e profunda veneração, em nome de todos os que abraçamos a Forma de Vida que nos legou são Francisco, hoje, com profunda emoção, prometo obediência e reverência ao senhor papa Francisco I (cf.2Rs 2). Conte conosco, Santidade: com nosso amor filial, com nossa obediência sincera, com nossa oração constante e com nossa leal colaboração. Conte também com as contemplativas franciscanas, as Irmãs Clarissas e as Irmãs Concepcionistas, que de seus monastérios elevam suas orações ao Pai das misericórdias por seu ministério a serviço da Igreja universal.

Enquanto peço a são Francisco que interceda constantemente por Sua Pessoa, suplico-lhe sua Bênção Apostólica para mim, para meus irmãos franciscanos e para todas as irmãs Clarissas e Concepcionistas franciscanas.

Seu devotíssimo filho no Senhor e em são Francisco
Roma, 13 de março de 2013
Fr. José Rodríguez Carballo, OFM
Ministro geral, OFM

Da Igreja uniforme à Igreja mosaico

Com o papa Francisco não haverá revanche nem conchavo, mas sim uma guinada na sensibilidade eclesial. A Igreja não mais será o domínio privativo, exclusivo e fechado dos movimentos neoconservadores.

Em lugar de uma Igreja uniforme, passará a ser outra muito mais plural, aberta e dialogante.

É João Paulo II quem, pouco depois de chegar ao sólio pontifício, traça o programa de seu pontificado. E já lhe dá nome: "nova evangelização". Depois de concebê-la, ele necessita de hostes bem-preparadas e numerosas para difundi-la. Não pode ou não quer contar com jesuítas nem dominicanos nem franciscanos nem demais congregações que, em sua opinião, lutam mais para tirar as pessoas da pobreza do que para lhes falar de Cristo. Suas novas legiões serão os movimentos neoconservadores.

Enquanto incumbe o Opus Dei e os Legionários de Cristo de cuidar das classes altas e das elites, reserva as pessoas simples aos carismáticos e, em especial, aos neocatecumenais de Kiko Argüello.

E para poder apoiar-se com garantias no chamado "clube de Roma" (Opus Dei, Kikos, Focolares, Comunhão e Libertação, Carismáticos e Legionários de Cristo), Wojtyla teve que dar-lhes poder e reconhecimento. Em 1982, apenas quatro anos depois de ser eleito ao sólio pontifício, João Paulo II concedeu ao Opus Dei um *status* de Prelazia pessoal (único na Igreja), colocando a Obra por cima da jurisdição dos bispos diocesanos. Uma Igreja dentro da Igreja. Depois viriam muitos outros importantes favores. Como a canonização de são Josemaría. Ou a nomeação de bispos diocesanos por "quotas", isto é, atendendo a sua procedência dos diversos movimentos.

João Paulo II admirava acima de tudo nos novos movimentos a capacidade de associarem a intransigência espiritual e a ação sobre o mundo com o senso de uma identidade capaz de penetrar por todos os meios na sociedade moderna.

Por consequência, ele relega as clássicas ordens religiosas e o laicato. Durante o pontificado de João Paulo II, o laicato, sumamente valorizado e reivindicado nos textos e na teoria do concílio, foi relegado a postos subalternos. A corresponsabilidade dos laicos na Igreja continua a ser um belo conto de fadas.

O papa Bento XVI mitiga um pouco a estratégia de seu predecessor, amplia o leque mais um pouco e vai permitindo o regresso pausado e pautado das ordens religiosas aos postos de comando das direções eclesiais. Todavia, no seu pontificado o peso da nova evangelização ainda continua a recair nos novos movimentos, que enchem ruas e praças e se mobilizam para as Jornadas Mundiais da Juventude.

Decorridos mais de 30 anos, a estratégia wojtyliana-ratzingeriana faz água sem que pareça ter conseguido seu intento e o processo de descristianização continua irrefreável. É preciso mudar de rumo e de modelo. Porém, as hostes do papa se consolidaram e, tendo já tomado as rédeas do poder na Igreja, será que estarão dispostas a soltá-las? O gosto pelo poder tem origem na velha premissa do Opus Dei, compartilhada pelos restantes movimentos, de que a evangelização está em jogo na política, inclusive dentro da Igreja. Isto é, o poder é necessário para impor as "suas" doutrinas, logicamente as únicas "verdadeiras", ao resto da sociedade e da Igreja. Nada de meios pobres para os pobres nem de levedura na massa. Trata-se de conquistar as massas de cima para baixo com a força da lei e o contágio das elites.

Passar desta dinâmica piramidal para a mais circular de uma Igreja entendida como povo de Deus é o desafio do papa Francisco. E ele parece disposto a levá-lo adiante. Porque, como muitos outros na Igreja, ele está convencido de que a nova evangelização precisa mais de testemunhas do que de doutrinas. As pessoas seguirão a Igreja não pelo que ela dizer, mas pelo que fizer e pelo testemunho que fornecer.

E é aí, em linha de testemunho, onde hão de ter acesso, espaço e máximo apoio as congregações e ordens religiosas. Todo esse exército de frades e freiras, religiosos e religiosas, de diversos estilos, carismas e procedências é chamado para puxar da carroça eclesial nesta nova etapa. Sem capelinhas, sem grupos-estufa, abrindo o leque eclesial ao máximo. Para que a frase "Igreja somos todos" seja verdade, e verdade boa. Uma abertura também para os novos movimentos conservadores, obviamente. Para que somem suas capacidades, mas sem açambarcarem nem a semente nem a semeadura da Palavra.

O papa Francisco, na hora de voltar-se para o "santo povo de Deus", seguramente incumbirá à vida religiosa de um novo papel, um novo espaço e um novo protagonismo. A toda a vida religiosa, sem exceções. E sem sequer privilegiar os "seus", os jesuítas. Aliás, ao adotar um nome franciscano, o papa se "desjesuitiza" e, portanto, passa a ser – inclusive simbolicamente – o papa de todos, sem deixar de ser um papa religioso. Com ele a frente da barca de Pedro, a vida religiosa no seu conjunto (todas as ordens e congregações religiosas existentes no mundo) assume a responsabilidade de pilotar a nave eclesial. Com base na liberdade que lhes proporcionam seus três votos de pobreza, castidade e obediência assumidos como carismas.

Com base na sua profunda espiritualidade provada pelo cadinho da história e na sua vivência radical da fé, cabe à vida religiosa demonstrar que não está morta, como anunciam há anos os profetas de calamidades. Cabe a ela endireitar o rumo da Igreja e encaminhá-la para o Reino sem falsas certezas, sem rigidezes doutrinais, dedicando muito mimo e cuidado ao povo santo de Deus. Às ordens do papa Francisco, o jesuíta com alma de franciscano.

6

Francisco e José: Bergoglio e Ratzinger

O novo papa frente a seu antecessor

Pela primeira vez na história, o papa e seu antecessor irão conviver nos muros do Vaticano. Qual será o papel de Ratzinger durante o pontificado de Bergoglio? Será Bento um colaborador da obra de Francisco? Quais são as diferenças e semelhanças entre ambos os pontífices? Sugere, a eleição do novo papa, que fora rival de Ratzinger no conclave anterior, uma "emenda à totalidade" do pontificado anterior?

Contam aqueles que podem sabê-lo que, no dia 13 de março, poucos minutos depois de ter sido eleito papa com uma maioria esmagadora, e de ter aceitado o cargo, quando se encontrava na solidão da "sala das lágrimas", Jorge Mario Bergoglio fez uma indicação a um de seus assistentes. Queria um telefone. E um número de telefone.

Poucos minutos depois, já revestido com a casula branca e sem deixar-se adornar por mais adereços além de sua cruz peitoral – a mesma que usa desde que é bispo – e seu anel, o papa Francisco chamou o papa Bento em Castel Gandolfo. Após a surpresa inicial da pessoa que atendeu ao aparelho na residência de verão dos papas, ambos, Jorge e José, Francisco e Bento, falaram a sós. Apenas cinco minutos. Porém, muito significativos.

– Santidade, boa-noite. Sou padre Bergoglio.

– Santidade, parabéns!

– Chame-me padre, Santidade. Sou apenas o bispo de Roma.

– É também o papa. Parabéns! Você já escolheu o nome?

– Sim, Santidade. Me chamarei Francisco, em honra ao santo de Assis.

– Me parece uma magnífica escolha.

– Santidade, agora me chamam. Devo subir à sacada. Você já sabe o que é isso... Deseje-me sorte.

– Que o espírito que o elegeu o acompanhe e guie seus passos, padre Bergoglio. À sua disposição, Santo Padre Francisco.

– O chamarei logo. E nos veremos. Dê-me sua bênção.

– Tem-na desde sempre. Acompanhá-lo-ei pela televisão. Foi uma alegria.

Minutos depois, diante da miríade de fiéis que o esperava impaciente e feliz na praça de São Pedro e no mundo, vestido unicamente com a casula branca e a cruz de prata que traz desde que é bispo, fez uma recordação especial a seu antecessor, que repetiu em sua primeira homilia aos cardeais na Sistina e em seu posterior encontro com todos os purpurados e os jornalistas credenciados para cobrir o conclave:

Em primeiro lugar, gostaria de fazer uma oração por nosso papa emérito, Bento XVI. Peçamos todos juntos que o Senhor o abençoe e a Virgem o proteja.

Nessa sexta-feira, na audiência aos cardeais, o papa Francisco voltou mais uma vez a recordar Bento XVI, destacando que "enriqueceu a Igreja com seu magistério de fé, humildade e docilidade". Francisco já vive nos aposentos papais. Praticamente não mudou nada. Nessa atitude de humildade e austeridade que adotou em sua época como arcebispo de Buenos Aires – renunciou a viver no Palácio Episcopal e transladou-se para uma pequena habitação de dois cômodos, que partilhava com outro sacerdote e onde, em 2001, durante uma viagem com o padre Ángel, dos Mensageiros da Paz, o hoje papa nos preparou um par de ovos fritos –, e que tem mostrado claramente durante os primeiros dias de seu pontificado, Bergoglio não precisa de nada especial. "São demasiado grandes para mim. Aqui poderiam viver 300 pessoas", brincou quando, ao partir o selo da sede vacante, entrou nos apartamentos pontifícios, onde irá residir até sua morte... ou até que decida outra coisa. Conhecendo-o, os cômodos lhe devem parecer imensos.

No sábado seguinte à sua entronização, a que como estava previsto não participou Bento XVI, Francisco tomou um helicóptero e, como fizera Ratzinger na tarde de 28 de fevereiro, dirigiu-se a Castel Gandolfo. Chegou às 12h, a hora do *Angelus*. Poucos minutos depois as portas do palácio de verão dos papas se abriram e ali o esperava Bento XVI. O primeiro encontro na história entre um papa e seu antecessor foi sumamente emotivo. Um abraço e uma refeição, com a assistência de alguns prelados e do secretário Gaenswein (cujo papel nesses primeiros meses se figura crucial e, em certo sentido, uma linha de transmissão entre ambos os pontificados), e um encontro marcado para dentro de um mês, passada a Páscoa, quando Ratzinger se mudará para viver no mosteiro Mater Eclesiae, situado no interior dos jardins do Vaticano, onde terá companhia do arcebispo alemão e das quatro *memore dominis* que o servem há anos. Francisco não quer deixar de contar com Bento, nem com sua experiência. Nem com algumas informações que somente ele conhece e que ajudariam, sem dúvida alguma, o novo papa na hora de retomar a nunca empreendida tarefa de reformar a cúria e o modo de enfrentar os resultados do informe *Vatileaks*, que, segundo fontes de toda confiança, o pontífice jesuíta já conhece.

Um protocolo para o "papa ausente"

Bento XVI, como já se disse, não participou da missa de entronização de Francisco. Quer "estar completamente ausente do mundo" e dedicar-se a orar pela Igreja e pelo papa, porém sabe que estará disponível para seu sucessor em todas as tarefas a que for requisitado, sempre e quando suas minguadas forças assim lho permitam. Francisco, por sua parte, contará com o papa, ainda que respeitando seu desejo de manter-se à margem das decisões de governo. O papa não morreu, mas, para efeitos práticos, deixou de ser papa.

O maquinário protocolar do Vaticano, com vinte séculos de experiência, não havia previsto a situação atual: um papa em exercício e outro emérito, convivendo apenas a 100m de distância. Participará Ratzinger de algum ato público junto com o atual pontífice? Qual será a atitude, caso os dois presidam a uma cerimônia eucarística? Um papa, até que ponto deixa de sê-lo? Poderá escrever e publicar livros, viajar ao estrangeiro, proferir conferências, ou ficará como um "preso" dentro dos muros do Vaticano? O próprio Ratzinger, que sempre sonhou em terminar seus dias em sua Baviera natal juntou ao seu irmão Georg – o qual, especula-se, poderia mudar-se para viver com seu irmão mais novo nos próximos meses –, não tem dado sinais de querer continuar levando uma vida pública. Mas alguns acontecimentos futuros certamente farão coincidir a ambos os pontífices.

O mais significativo, caso isso aconteça, será a canonização de João Paulo II. Esta é uma das tarefas não concluídas de Bento XVI e, segundo as más línguas, uma das razões – embora residuais – de sua renúncia. Karol Wojtyla morreu em odores de santidade, e foi proclamado beato de maneira expressa, quase instantânea. "Santo Subito", se podia ler nos cartazes que povoaram a praça de São Pedro durante seus funerais e após a eleição de Ratzinger. Aquele que fora seu máximo colaborador à frente da Doutrina da Fé presidiu sua beatificação, e o processo de sua canonização está concluído, uma vez que parece ter-se demonstrado uma cura milagrosa atribuída à sua intercessão durante a época em que já era beato.

Sem dúvida, Bento XVI renunciou ao cargo sem ter consignado a data nem aprovado definitivamente a causa de sua canonização. Terá algo a ver com as informações incluídas no informe *Vatileaks*, que poderiam demonstrar que João Paulo II conhecia, ou ao menos suspeitava da conivência de alguns de seus máximos colaboradores – especialmente Angelo Sodano, que tentou ao longo dos últimos oito anos mover seus tentáculos (inclusive nesse último conclave) para perpetuar-se no poder de uma ou outra maneira – com alguns dos escândalos mais badalados, como o do Banco Vaticano ou a proteção ao pederasta Marcial Maciel?

Em todo caso, é difícil pensar que Francisco freará a canonização de Wojtyla. Seria um escândalo formal, que abalaria com mãos cheias os alicerces de um pontificado histórico e polêmico. Porém, ver João Paulo II nos altares poderia representar um duro golpe caso posteriormente viessem à luz alguns documentos. Bergoglio e Ratzinger, neste ponto, haverão de conversar intensamente e tomar uma decisão sábia e conciliadora.

A canonização de Wojtyla, que antes do *tsunami* da renúncia de Bento XVI se dava como certa para este mês de maio, seria o primeiro grande ato em que participariam papa emérito e pontífice em exercício. Entretanto, as dúvidas a respeito da consideração de Ratzinger na estrutura hierárquica se mantêm. Um batalhão de especialistas de protocolo e direito canônico se empenham para estabelecer uma rotina para o caso de voltar a repetir-se a coexistência de dois papas. Até agora se tratava de algo impensável. Hoje é uma possibilidade real, e factível. O exemplo do pontífice alemão abriu todo um canal de *futuríveis*[1], que uma instituição como a Igreja católica deve prever.

---

1 Do latim: *futuribilis*: se diz de coisas futuras que não se darão com certeza, mas que poderiam dar-se havendo uma determinada condição [N.T.].

Ao menos foram resolvidas algumas dúvidas. Bento XVI continuará chamando-se assim, e terá tratamento de "papa emérito". Poder-se-á continuar denominado-o "Santidade" e vestirá o atavio branco próprio dos papas. Pela primeira vez na história, dois homens o farão: Joseph Ratzinger e Jorge Mario Bergoglio.

Ratzinger já não usa o anel do Pescador – foi-lhe dado outro, para recordar que não perdeu sua dignidade episcopal – e poderia participar nas congregações de um eventual futuro conclave, algo impensável se levarmos em conta que não participou daquele que elegeu a seu sucessor. Mesmo assim as perguntas continuam. O que aconteceria, por exemplo, se o papa Francisco tivesse um acidente, se ficasse impedido ou morresse? Qual seria, então, o papel do papa demissionário? Na Roma da sede vacante circulava a opção, meio de brincadeira, meio a sério, de que se fosse o caso, Ratzinger poderia voltar a assumir as rédeas da Igreja diante da desfunção repentina de Bergoglio. "Ao menos agora temos reserva", afirmava com deboche um alto eclesiástico espanhol da cúria.

O que fará Ratzinger? Manter-se-á absolutamente à margem, ou atuará como assessor áulico de seu sucessor? O novo papa consultará seu antecessor em temas candentes? Ratzinger continuará sendo Bento XVI, cardeal, bispo emérito de Roma, ou simplesmente um homem que um dia exerceu o pontificado e que agora se vê "encerrado" atrás das paredes de um mosteiro na Santa Sé? Poderia sair de Roma, dar conferências, escrever livros, dar sua opinião pública sobre os males da Igreja à qual renunciou dirigir?

"Viverá no Vaticano com total discrição", disse o porta-voz do Vaticano, Federico Lombardi. "Sua presença não será um impedimento, uma interferência ou um problema", assegurou. Ao menos no papel, pois não há referências históricas semelhantes. Depois de sua renúncia, Celestino V (e isso faz mais de sete séculos) regressou à sua vida de ermitão, embora algumas lendas apontem que seu sucessor, Bonifácio VIII, tenha ordenado sua captura e seu ingresso em uma prisão até sua morte. Isso não acontecerá hoje, embora o certo é que Ratzinger – por desejo próprio ou influenciado pelo peso de uma história por escrever – poderia ter escolhido voltar para sua Baviera natal.

Bento-Ratzinger quer continuar escrevendo. De fato, tem uma encíclica sobre a fé pela metade, que agora poderia ser publicada em forma de livro. Porém, até que ponto um texto que iria ser magisterial pode ser editado apenas como a opinião de um homem? As dúvidas sobre a infalibilidade papal, pois, voltam a mostrar-se. Deixa Ratzinger de ser infalível ao abandonar o trono pontifício? Caso não seja assim, poderia contradizer as decisões de seu sucessor se não estiver de acordo com elas? Se acontecesse isso, estaríamos, sem dúvida alguma, na antessala de um cisma.

O que parece fora de qualquer dúvida é que, embora permaneça em silêncio para o mundo – como ele mesmo afirmou esta manhã – qualquer polêmica que surja no papado seguinte fará com que todos os olhos se voltem para ele. Por isso, talvez, é que Ratzinger tenha optado por recolher-se dentro dos muros do Vaticano, buscando talvez uma menor exposição do que teria se saísse extramuros. Nem todos pensam assim: Rino Fisichella, presidente do Conselho para a Nova Evangelização, disse que o papa talvez pudesse viver fora do Vaticano, como se um distanciamento físico diminuísse também sua influência.

De que viverá o ex-papa Bento? "Nos asseguraremos de que tenha uma existência digna", afirmou o porta-voz Lombardi, sem procurar definir se lhe será dado um provento como emérito, uma pensão ou algo similar. Sabe-se, sim, que em seu retiro o acompanharão seu fiel secretário, Georg Gaenswein, e quatro leigas consagradas. E pairará sobre ele, durante o tempo que lhe resta de existência terrena, o estigma de ser o primeiro papa da era moderna que se atreveu a renunciar na plenitude de suas faculdades. E que, com sua atitude, deu exemplo, e marcou tendência, inexorável, a seu sucessor. Que, queira ou não, contará com o peso do pontificado de seu antecessor como uma lousa. Ou como um apoio imprescindível para esses tempos de crise.

O papa emérito

Desde que, em 28 de fevereiro passado, Bento XVI tomara um helicóptero e abandonara o Vaticano em direção a Castel Gandolfo, pouco se tem sabido do papa emérito. Apenas que come bem, passeia com seu fiel secretário Georg Gaenswein pelos jardins da residência – uma revista italiana publicou com exclusividade imagens de uma dessas caminhadas, em que se podia ver o papa ancião caminhando, completamente vestido de branco, inclusive de gorro, e apoiado em um bastão – lê, escreve e está pensando seriamente em retomar uma de suas grandes paixões, abandonada pela falta de tempo e a dor da artrite: o piano. E que estava muito, mas muito atento às notícias que chegavam através dos meios de comunicação da capela Sistina – e das confidências de seu secretário, ainda chefe da Casa Pontifícia e, como tal, partícipe do juramento e acompanhante de Bergoglio em seus primeiros passos como papa.

Bento XVI descansa. Mais que merecidamente. Para trás ficam quase oito anos de um pontificado duro e exigente no qual tentou ir ao essencial e se defrontou com uma rotunda oposição da cúria ao seu projeto de limpeza. A chaga da pederastia causou dano especial em seu ânimo, já que ele foi o principal artífice da política de "tolerância zero" e o primeiro que se atreveu a condenar o todo-poderoso Marcial Maciel. Muitos, entre eles Angelo Sodano, não lho perdoaram. Trataram de engajar uma longa vingança designando um curial, e anulando o papa emérito na Missa Pro Eligendo Pontifice. Ratzinger não assistiu a esta missa, embora, como cardeal, lhe correspondesse esse direito.

A traição do *Vatileaks* e a complexa estrutura de uma cúria a que não prestou atenção até que fosse tarde estão por trás da renúncia de um homem que passará para a história já não como o grande inquisidor da época de João Paulo II, nem como o grande teólogo que é, nem mesmo por suas três encíclicas e algumas de suas memoráveis viagens (a JMJ, o discurso de Ratisbona, a visita a Auschwitz, o encontro com a rainha da Inglaterra, as reuniões com vítimas de abusos sexuais por parte de sacerdotes...), mas, como o papa que disse "basta" e renunciou. "Não me sinto com as forças necessárias para cumprir adequadamente com o meu ministério", disse em um latim que apenas a jornalista italiana entendeu, e conseguiu paralisar uma instituição como a Igreja católica, tão pouco acostumada às mudanças. De algum modo, com sua decisão, Bento XVI entreabriu uma porta pela qual haverá de entrar seu sucessor, Francisco. Dois estilos completamente diferentes, duas formas de entender a Igreja difíceis de conciliar. Porém, dois homens de Deus, de certo modo providenciais, e o futuro dirá se complementares.

Bento XVI acompanhou todo o desenvolvimento das congregações gerais, a Missa Pro Eligendo Pontifice (na qual um constrangido Sodano teve que engolir uma rotunda ovação na única ocasião em que citou o papa emérito) e o conclave, pela televisão. Dizem os que estão próximos a ele que se emocionou ao receber o telefonema de seu sucessor. Não quis intervir em nenhum processo, mas antes de retirar-se, é verdade, deixou algumas características requeridas de seu futuro sucessor. As mais evidentes – alguém jovem, com vigor e saúde para governar a Igreja durante vários anos – não parece que irão cumprir-se em Bergoglio, mas sim outras, provavelmente as mais essenciais: alguém limpo – distante da cúria –, que entenda o primado de Pedro como serviço e não como poder – e os primeiros passos de Francisco têm sido, tanto em gestos quanto em palavras, absolutamente reveladores –, e que esteja disposto a limpar a Igreja dos abusos de poder e dos escândalos sexuais e financeiros que estão por trás do famoso informe elaborado pelos cardeais De Giorgi, Tomko e Herranz e que, com toda certeza, precipitaram uma decisão, a da renúncia, que Ratzinger vinha considerando havia tempo.

Pois não é casual que, após receber no dia 17 de dezembro, os "cardeais 007", Bento XVI aparecera nas imagens muito mais envelhecido e inclusive enrugado. Porque não é casual que tenha apresentado sua renúncia na metade do Ano da Fé convocado por ele mesmo e ao qual havia dado tanta importância – iria embora assim o papa havendo-o previsto de antemão? –, ou com um encíclica sobre a fé que jamais verá luz, ao menos como Magistério. A decisão de Ratzinger causou um grande alvoroço, e não poucas oposições, embora apenas alguns cardeais se atreveram a manifestar-se publicamente, como foi o caso do secretário pessoal de João Paulo II, Stanislao Dzwisz, que denunciou que "Cristo não desceu da Cruz". "Não desci da Cruz", foram algumas das últimas palavras de Bento XVI antes de refugiar-se em Castel Gandolfo.

Em 13 de março último, Bento XVI acompanhou pela televisão todo o processo de eleição, até o momento da fumaça branca e a apresentação na sacada de seu sucessor. Seguramente, veio-lhe à mente aquele instante do dia 19 de abril de 2005, quando às 17:40h aparecera ante a cidade e o mundo vestido com os trajes pontificais – ficou famoso o suéter preto que se podia perceber sob a casula – e se autoproclamou como "um humilde trabalhador na Vinha do Senhor". E viu como aquele que oito anos antes fora seu principal rival no conclave anterior se apresentava como uma inclinação de cabeça e pedindo a bênção do povo. E lembrando-se dele: muito mais do que o fizeram alguns de seus outrora colaboradores.

Rivais no conclave de 2005

"Fala-se de um papa conservador, mas o que Bento XVI fez ao renunciar representa, na realidade, um gesto revolucionário, que supõe uma mudança em 600 anos de história dentro da Igreja. Trata-se de uma decisão muito ponderada diante de Deus e muito responsável por parte de um homem que não quer equivocar-se ou deixar a decisão nas mãos de outros". Francisco, então cardeal Bergoglio, evocava assim a renúncia de Joseph Ratzinger. Hoje ele se encontra na situação em que se achava Bento XVI oito anos atrás, quando foi escolhido pelos cardeais, entre os quais ele próprio, para dirigir a Igreja depois da morte de João Paulo II, o papa dos recordes, que permaneceu no posto nada menos que 27 anos e morreu "sem descer da Cruz", como expressou o cardeal Dzwisz.

Aceitar o pontificado implica ter os ombros preparados para suportar o peso da responsabilidade de mais de 1.200 milhões de almas, uma estrutura gigantesca e com tentáculos em todos os organismos de poder de todos os países do mundo. O líder da Igreja católica é, provavelmente, o único ser com poder autenticamente mundial no mundo globalizado. Todo mundo conhece o papa, sabe o que representa. Sua importância vai além do puramente litúrgico: é um chefe de Estado, e suas palavras, além de lei, são capazes de influenciar nas legislações de outros estados e na própria configuração da civilização. Neste mundo em transformações, a figura do papa se mostra imprescindível, ao menos nesse aspecto. No aspecto intraeclesial, por outro lado, são cada vez mais numerosas as vozes – provavelmente também a do próprio Bergoglio – que falam da necessidade de um governo colegiado, e de que o papado seja fundamentalmente un *primus interpares*. Que não deixe de ser o bispo de Roma, como bem deixou claro Francisco em sua primeira saudação aos fiéis.

Jorge Mario Bergoglio sabe bem dessa responsabilidade. Por seus anos como provincial dos jesuítas argentinos, suas duas décadas à frente da diocese de Buenos Aires e, sobretudo, porque há oito anos esteve a ponto de ser papa.

O relato é o seguinte: em 18 de abril de 2005 os cardeais entraram na capela Sistina para eleger o sucessor de João Paulo II. Com dois candidatos destacados acima dos demais, em prestígio e possibilidades. Ambos com mais idade e autoridade. Duas faces da mesma Igreja: Joseph Ratzinger, o todo-poderoso guardião da ortodoxia, e Carlo Maria Martini, arcebispo emérito de Milão, enfermo de Parkinson e recolhido em Jerusalém dedicando-se a escrever e conhecer ainda mais as fontes da fé.

O velho jesuíta, ciente de suas possibilidades, fez-se acompanhar durante todo o pré-conclave de um bastão – não tinha especiais problemas de mobilidade – e, antes de qualquer votação, quis autoexcluir-se diante de seus companheiros eleitores. Isso foi levado em consideração, mas não muito: no primeiro escrutínio Martini obtinha nove votos, contra seis de Ruini, quatro de Sodano... e, curiosamente, uma dezena para Jorge Mario Bergoglio. Ratzinger conseguiu 47 votos.

Parecia que a vitória do purpurado alemão era mais que segura, mas as sucessivas votações, embora tenham ido aumentando a vantagem de Ratzinger, não conseguiam que este alcançasse os 78 votos então necessários. O arcebispo de Buenos Aires, por sua parte, recebeu os sufrágios de Martini e de alguns latino-americanos, alcançando 40 votos dos 115, e bloqueando a maioria do decano do Colégio Cardinalício.

Segundo relata o jornalista Marco Tosatti, vaticanista de *La Stampa*, depois da terceira votação – na qual se decide se o candidato com maior número de votos continua na disputa ou se "queima" pelo bloqueio – Jorge Maria Bergoglio pediu a seus "patrocinadores" que se abstivessem de elegê-lo. E, ainda, que teria feito isso "quase em lágrimas". No segundo escrutínio, Bento XVI conseguiu 65 apoios. O hoje Francisco, 35. Havia somente dois candidatos, o curial e o jesuíta. Na terceira votação

Ratzinger obtivera 72 votos. Bergoglio 40. Impossível chegar a um acordo.

É provável que o purpurado argentino não tivesse nunca tomado o lugar de Bento XVI na sacada de São Pedro, mas poderia ter frustrado sua candidatura. A "minoria de bloqueio" (patrocinada por Martini e apoiada, entre outros, por Schonborn, Kasper ou Lehmann, que não queriam uma sucessão continuísta após 27 anos de duro pontificado do papa polaco) estava disposta a não arredar o pé, o que, finalmente, levaria à entrada de um candidato *outsider*.

Algo parecido aconteceu no conclave que, após a repentina morte de João Paulo I, celebrou-se em outubro de 1978 em Roma. Os dois candidatos-chave, Siri e Benelli, não alcançaram os votos definitivos e Roma voltou, como nesta ocasião, a ficar sem papa. E entrou um do leste: Karol Wojtyla.

Ante essa tessitura, e "com lágrimas nos olhos", Jorge Mario Bergoglio pediu a seus irmãos no conclave para não ser votado mais. O serviço acima do poder, uma das lições pendentes do papa de Roma, e uma das características mais apreciadas nos primeiros discursos do novo papa. Após sua breve, porém, intensa intervenção, que provocou emoção em alguns prelados, o quinto escrutínio, por fim, revelou a fumaça branca: Ratzinger obtivera 84 votos. Mesmo assim, Bergoglio, o papável que não quis ser votado, obteve 26.

Oito anos depois, no mesmo cenário, com atores diferentes – já não se encontrava Ratzinger que, ademais, havia nomeado mais da metade dos purpurados com direito a voto –, o arcebispo de Buenos Aires, assim, aceitou a tarefa que, desta vez, e quase sem oposição, lhe foi apresentada. Não era o candidato midiático, nem o beneficiava a idade – todas as previsões davam por certo que se trataria de um pontífice "jovem", entre 62 e 71 anos –, mas sim a fortaleza de quem outrora fora capaz de retirar-se, como João Batista, para que entrasse o que tinha mais embalo.

Não há quem, racionalmente, observe o surpreendente resultado do conclave de março de 2013 – Bergoglio obteve ao menos 90 votos dos 115 – como uma "emenda à totalidade" do pontificado de Bento XVI. E, assim, elegeram o papa que não pode sê-lo há oito anos. E, porém, são tão diferentes Joseph e Jorge, Ratzinger e Bergoglio, Bento e Francisco?

Coabitação entre dois estranhos

As diferenças entre ambos os pontífice se notam facilmente olhando as duas fotografias. A de 19 de abril de 2005, em que Ratzinger apresentou-se com os ouropéis próprios do cargo, pelerine púrpura, estola e cruz dourada. Francisco, por outro lado, com a sotaina e o solidéu brancos e a cruz de prata que usa desde sempre. Ratzinger, ao longo de seu percurso como pontífice, fez especial uso do pluvial vermelho com a túnica, que Francisco não usa; os sapatos vermelhos de Prada, que tanto deram o que falar, foram substituídos por sóbrios sapatos pretos, "de padre", que logo deverá trocar o novo papa. Algumas fotos nos revelaram uns sapatos... digamos, um tanto usados.

Fisicamente, as diferenças também são evidentes. Bergoglio é bem mais alto que seu antecessor, cujos anos no trono de Pedro – onde não quis sentar-se Francisco para receber as felicitações dos cardeais, os quais abraçou de pé – lhe assentavam bastante mal. Caminha encurvado, não enxerga com um olho e mostra evidentes sinais de cansaço. O novo papa, ao menos por enquanto – também são 76 anos, ante os 86 de Ratzinger – parece um redemoinho que não para. Gesticula sem parar, improvisa e faz piadas, em um estilo pessoal muito distante do caráter do professor de Teologia Bento XVI, sério e que pondera suas palavras até a última vírgula.

Ratzinger é teólogo, um dos melhores que a Igreja produziu no século XX, e mal teve experiência pastoral antes de conduzir a barca de Pedro. Bergoglio, por outro lado, não conta com uma obra excessivamente ampla, porém destacou-se no aspecto pastoral e na proximidade com o povo. Sua primeira missa como papa na paróquia de Santa Anna, para desespero dos serviços de segurança, foi um exemplo disso: o novo pontífice chegou para a mesma em um carro da guarda vaticana, sem escoltas, recusando utilizar a limusine e parou para saldar todo mundo. Inclusive, reconheceu um missionário argentino, a quem quase "obrigou" a oficiar junto com ele a Eucaristia. Na saída, ainda vestido com os ornamentos da cerimônia, subiu à porta e, como um padre de aldeia, saudou e despediu-se dos fiéis. É algo que, indefectivelmente, mudará com o tempo, e a assunção de responsabilidades que a chefia do Estado do Vaticano e a engrenagem da grande paróquia que é a Igreja católica mundial acarretarão, mas que imprime um selo diferenciador deste papa com relação a seus imediatos predecessores.

A segurança é outro dos aspectos que mudarão radicalmente nesta nova era. Como assegurou o porta-voz do Vaticano, Federico Lombardi, "a segurança do romano pontífice se adapta à personalidade de cada papa", de modo que os homens que se encarregam de velar pela integridade física de Francisco terão que elaborar, em marcha forçada, um protocolo certamente complicado. Este parece um papa muito mais próximo do povo que o anterior, o qual multiplica as possibilidades de sofrer um atentado ou um "excesso de carinho" para com Bergoglio que acabe em uma frustração.

O que fica evidente é que, diferentemente do que acontecia há oito anos, a eleição de Bergoglio rompe com a continuidade pós-conciliar, com esse modelo de Igreja restauracionista implantado por João Paulo II contra os "excessos" do Concílio Vaticano II. Prevê-se um governo menos centralizado, mais "horizontal", em que os bispos e cardeais terão mais capacidade de influência em suas Igrejas particulares, e em que o papa dirigirá uma cúria que já não poderá mover-se sem controle. Figura-se uma renovação para torná-la mais participativa e menos obscura, de modo que os fiéis possam sentir-se orgulhosos de seus cardeais, e que estes não se encontrem permanentemente no olho do furacão, em listas de acobertadores de pederastas ou arrastando atrás de si a imagem de homens obscuros e poderosos, mais preocupados em alcançar cotas de poder que de serviço.

Contudo, as mais que possíveis reformas – muitos falam, e esperam, uma "revolução" na Santa Sé – que Francisco terá que enfrentar não seriam possíveis sem o "gesto" de Bento XVI, sem o ato de colocar-se de lado, de dizer "não posso mais", e alertar antes de partir definitivamente sobre as tentações de buscar aplauso e poder em vez de dedicar-se à tarefa fundamental e fundante dos responsáveis da Igreja: "Aquele que quiser ser o primeiro entre vós, que seja o que serve". O que ninguém poderá negar a Bento XVI é que, com sua decisão, marcou o caminho a seguir. E que o escolhido terá, ao menos durante os próximos meses – a derrota do aparato curial foi tão evidente que nenhum de seus representantes se atreverá a colocar uma só vírgula a qualquer atuação do novo papa –, as mãos livres para acometer as reformas que Ratzinger não pôde, não soube ou não quis realizar. Especialmente três: a reforma da cúria, o freio às manobras financeiras e uma decidida política de tolerância zero frente aos escândalos. Com o único objetivo de reconstruir a deteriorada imagem da instituição e caminhar para uma Igreja mais evangélica e centrada no essencial: o anúncio da Boa Notícia e a construção, aqui e agora, do Reino de Deus para todos, especialmente para os mais pobres entre os pobres.

Em suas primeiras palavras, Francisco quis deixar claro que ele é o bispo de Roma. Nem mais, nem menos. Não poderá obviar seu caráter de líder mundial, as responsabilidades únicas inerentes a seu cargo, a sensação de que cada gesto, cada palavra, cada silêncio, cada omissão, cada expressão, serão analisadas com lupa em meio-mundo. Haverá de ser político e gestor, guardião da ortodoxia e líder de massas. Porém, ao menos tem claro outro aspecto fundamental, que em algumas ocasiões fez falta desde os revolucionários anos de João XXIII: que o papa de Roma, fundamentalmente, tem que ser um pastor. E que seu rebanho, em Roma e no mundo inteiro, está esperando um guia para alcançar uma nova Igreja.

Para levar a cabo essa difícil tarefa, poucos duvidam hoje que Francisco contará com o apoio de Joseph Ratzinger. Nesse sentido, o papel reservado a Georg Gaenswein revela-se fundamental. O arcebispo alemão, secretário pessoal de Bento XVI (que viverá com ele no convento do Vaticano), continua sendo chefe da Casa Pontifícia, entre cujas atribuições se destaca a organização das audiências e os deslocamentos do santo padre Francisco. Na prática, e enquanto não decida o contrário, Gaenswein será o responsável por organizar a agenda dos dois papas: a do emérito e a do atual. E exercerá uma missão de enlace que pode dar imensos frutos e, quem sabe, também maiores responsabilidades ao que foi considerado pelas revistas internacionais como o sacerdote mais atraente do mundo.

Gaenswein é uma das cinco pessoas – seis, contando com o atual papa – que conhecem o famoso *Vatileaks*, junto com o próprio Ratzinger e os cardeais que o elaboraram. Foi ele quem "desmascarou" Paoletto e quem esteve mais próximo a Bento XVI quando foi alertado sobre as manobras da cúria. Provavelmente é a única pessoa que conhece o sofrimento do papa emérito e as razões ocultas que o levaram a renunciar. Seu modo de agir e sua sensibilidade se mostram necessárias nos primeiros passos de Francisco. Gaenswein será o responsável, em boa medida, para que a convivência entre Ratzinger e Bergoglio seja o mais fluida possível, para o maior bem da Igreja.

7

Um novo João XXIII

O Concílio Vaticano II, 50 anos depois: balanço e perspectivas de mudança e de futuro

Há cinquenta anos João XXIII, o "papa bom", convocava o Concílio Vaticano II. A primavera da Igreja havia sido substituída durante anos pelo inverno, vocacional e de liberdade. Agora, muitos comparam Bergoglio a Roncalli. O que há de verdade? Poderá Francisco culminar as reformas apontadas durante o Concílio? Um papa "para reformar a Igreja, que ameaça ruir".

"O papa João voltou!" Quem proclama e quase grita, emocionado, é Loris Capovilla, o velho custódio da obra e da memória de João XXIII. O arcebispo, que foi secretário do *papa bom*, com seus 97 anos exulta com o papa Francisco: "É como o papa João XXIII. Assim que o vi me chamou a atenção por seu aspecto bondoso, por seus gestos simples, inclusive ao dar a bênção, mas, especialmente, quando começou a falar com o 'irmãos e irmãs, boa-tarde'. E quando convidou a rezar, como um padre qualquer, o Pai-nosso e a Ave-Maria em silêncio. Ou quando se inclinou para receber a bênção do povo. Gestos, jeito de falar e de rezar típicos de Angelo Roncalli".

Ainda emocionado por conta das enormes semelhanças do papa Francisco com "seu" papa João, Capovilla continua explicando ao jornal italiano *La Reppublica* a eloquência evangélica dos gestos do novo pontífice: "O que me chama especialmente a atenção é sua simplicidade. Do anel ao peitoral, a cruz de sua ordenação episcopal que não quis tirar nem mesmo quando o mestre de cerimônias pontifício queria que pusesse uma de ouro. Simplicidade também nos gestos, como quando vestiu sozinho a estola para a bênção. Gestos e estilos típicos do papa João".

Como é lógico, Loris Capovilla não pode enumerar todos os gestos e palavras que, durante esses dias, efetuou o novo papa. Gestos e decisões do novo Roncalli, que foge dos boatos e aposta abertamente na austeridade e simplicidade. Quer falar com seu próprio testemunho e com seu próprio aspecto.

Por isso, antes de ir à *loggia* das Bênçãos, após o *habemus papam*, rejeitou a murça vermelha com guarnição de arminho branco que lhe oferecia o mestre de cerimônias, Guido Marini. Nada de vermelho. Tudo branco no novo papa. Com uma simples batina, uma esclavina e uma faixa. Como se quisesse enfatizar, justamente no contexto atual, o valor da pureza, simbolizada pela cor branca. A cor da purificação. Uma cor só quebrada pela calça preta que assoma por baixo da batina, e especialmente pelos sapatos pretos.

Também nisso o papa Francisco quebra a tradição dos sapatos vermelhos e calça uns pretos de padre de aldeia. E continua ostentando sua mitra de sempre, de quando era arcebispo de Buenos Aires. O papa não hesita em jogar por terra antigas tradições para mandar à sociedade e à Igreja uma mensagem clara de pureza, simplicidade e humildade. Um estilo diferente, mais simples, mais franciscano. Em Roma já chamam isso de *bergogliostyle.* Ou, como diz o cardeal Dolan, arcebispo de Nova York, "is a natural".

Um estilo simples na aparência e nas palavras. Por isso, sua primeira saudação ao mundo começou com um mero "Boa-tarde", como costuma fazer qualquer pessoa quando chega a um lugar. Depois de rezar as orações de sempre do povo de Deus, pede às pessoas que o abençoem e se inclina para receber sua bênção, em um gesto evidente de humildade.

Em sua primeira aparição pública também não utilizou o título de papa. Sempre falou como bispo de Roma. E entre os desafios do papa Francisco está potencializar o diálogo ecumênico com as outras igrejas cristãs.

Os ortodoxos repudiam o primado de Roma, e visto que isso é um dos obstáculos para a unidade, João Paulo II já havia expressado seu desejo de que se estudassem formas para que o ministério papal do bispo de Roma pudesse realizar um serviço reconhecido por todos. Em novembro de 2007 as igrejas ortodoxas reconheceram o bispo de Roma como "primeiro patriarca", mas continuam discrepando com os católicos sobre a interpretação de suas prerrogativas.

Apresentando-se como bispo de Roma, o novo papa dá passos simbólicos de aproximação às outras confissões religiosas. Gestos e palavras novas que continuam chovendo sem parar nesses primeiros dias. Como o altar voltado para os fiéis em sua primeira missa com os cardeais na capela Sistina, na forma mais profundamente conciliar. Ou o fato de andar de ônibus com todos os cardeais ou chegar à basílica romana Santa Maria Maior em um carro sem escolta nem guarda-costas. E na volta para o Vaticano pediu ao motorista que o levasse ao colégio de sacerdotes onde havia se hospedado antes do conclave... para pagar a conta. "O papa tem que dar exemplo", respondeu ao encarregado do colégio, que, estupefato, não queria cobrar.

Ou quando diz a seus compatriotas que não venham a Roma para a festa de sua entronização e que doem aos pobres "o que iam gastar na viagem". E seus gestos inovadores parecem não se esgotar jamais. Surpreende em cada aparição pública.

Manchetes seguras para os jornalistas

Como a aparição do dia 16 de março, na sala Paulo VI, com uns 6 mil jornalistas presentes em Roma para informar sobre o pré-conclave e o conclave. Diante dos olhos escrutadores das câmeras e dos próprios informadores, o papa Francisco se mostrou igualmente anticonvencional, leve, direto e simples. E até soube aproveitar a oportunidade para oferecer notícias e manchetes. Diante deles reivindicou sua mudança no fundo e na forma. O fundo, o de um mendicante. O do grande mendicante Francisco de Assis, com mente, alma, vida e coração voltados para os pobres. E seu desejo, quase grito, de "uma Igreja pobre para os pobres". E, é claro, uma Igreja da "verdade, da bondade e da beleza". São os atributos essenciais que o papa Francisco quer para a Igreja de Cristo.

A verdade, a bondade e a beleza do Evangelho dos pobres, os preferidos de Deus. Um Evangelho que diz que "nada há de oculto que não possa ser descoberto". Talvez, por isso, o novo papa adota uma relação aberta, cordial, acolhedora e colaboradora com os meios de comunicação. Os jornalistas deixam de ser "inimigos" da Igreja, aqueles que fuçam ou exibem seus pecados. Porque assim continuam pensando muitos hierarcas da instituição. Quanto mais longe dos jornalistas, melhor!

O papa Francisco muda a dinâmica de relacionamento com a mídia. Quer se tornar amigo dos jornalistas. Porque sabe que são um instrumento insubstituível para propagar a mensagem da Igreja. Sem eles a instituição ficaria afônica. E não poderia ser a voz dos sem voz, a voz dos pobres.

Nós, jornalistas, somos o instrumento necessário para que a Igreja possa se conectar com as pessoas. Os que sabem embrulhar a notícia para torná-la atraente. Os que a vendem. Os que transformam seus longos discursos (habitualmente com uma linguagem muito teológica e entusiasta), que os divulgam e os tornam acessíveis. Com nossa superficialidade e busca do novo.

Com nossos defeitos e pecados. Mas boa gente, como Francisco. A Igreja devia montar um altar para os jornalistas. E o papa Francisco está disposto a começar a construí-lo. Para maior glória de Deus e de sua "verdade, bondade e beleza".

O livro do cardeal Kasper e o exemplo da anciã

E as surpresas continuaram no primeiro domingo de seu pontificado, dia 17 de março. Primeiro, na missa celebrada pela manhã na paróquia vaticana de Santa Anna. Em dado momento, ignorando o protocolo, apresentou seu bispo auxiliar em Buenos Aires, sacerdotes argentinos e, especialmente, Gonzalo Aemilius, sacerdote e diretor do Liceo Jubilar Juan Pablo II, do Uruguai, que trabalha na recuperação de crianças de rua e em sua integração à sociedade e ao mundo do trabalho. Um padre *villero*, como dizem no cone sul. Um padre das favelas.

"Quero apresentar-lhes um sacerdote que veio de longe. Que há muito tempo trabalha com as crianças de rua, com os dependentes químicos. Fez para eles uma escola, fez tantas coisas para que possam conhecer Jesus [...] Todas essas crianças de rua hoje trabalham, estudam e têm capacidade de trabalho. Acreditam em Jesus e o amam", disse Francisco.

E, a seguir, convidou Aemilius a subir ao púlpito. "Gonzalo, peço-lhe que venha cumprimentar as pessoas. Rezem por ele", apontou. E acrescentou: "Ele trabalha no Uruguai. É fundador do Liceo Jubilar Juan Pablo II. Ele faz esse trabalho. Não sei como veio para cá hoje, mas vou saber. Muito obrigado".

E, depois, no *Angelus*, saudou as pessoas com um "Irmãos e irmãs, bom dia" e ignorou o roteiro em várias ocasiões, para improvisar. Por exemplo, para recomendar um livro do cardeal Kasper: "Nestes dias, pude ler um livro de um cardeal – o cardeal Kasper, um teólogo muito competente, viu?, um bom teólogo – sobre a misericórdia. E me fez muito bem esse livro, mas não pensem que estou fazendo propaganda dos livros de meus cardeais, viu? Não é isso, mas me fez tanto bem, tanto bem... O cardeal Kasper dizia que sentir misericórdia [...] essa palavra muda tudo. É a melhor coisa que podemos ouvir: muda o mundo. Um pouco de misericórdia deixa o mundo menos frio e mais justo. Precisamos entender bem essa misericórdia de Deus, esse Pai misericordioso, que tem tanta paciência. Recordemos o profeta Isaías, que afirma que mesmo que nossos pecados fossem vermelho-escarlate, o amor de Deus os tornaria brancos como a neve".

E para manter as pessoas atentas, presas a suas palavras, emendou outro caso do cardeal Kasper: "Lembro que, quando era apenas bispo, em 1992, Nossa Senhora de Fátima chegou a Buenos Aires e celebrou-se uma grande missa para os doentes. Fui confessar naquela missa. E quase no final da missa me levantei, porque tinha que administrar uma confirmação. Uma idosa, humilde, muito humilde, de mais de oitenta anos, veio a mim. Olhei para ela e lhe disse: 'Vó – porque lá chamamos os idosos assim –, quer se confessar?' 'Sim', disse ela. 'Mas a senhora não pecou'. 'Todos temos pecados', disse ela. 'Mas o Senhor não a perdoa?' 'O Senhor perdoa tudo', – respondeu segura. 'Mas como a senhora sabe?' 'Se o Senhor não perdoasse tudo, o mundo não existiria', afirmou. Tive vontade de lhe perguntar: A senhora estudou na Universidade Gregoriana? Porque essa é a sabedoria que dá o Espírito Santo: sabedoria interior da misericórdia de Deus. Não esqueçamos essa palavra: Deus nunca se cansa de nos perdoar, nunca! O problema é que nós nos cansamos de pedir perdão. Mas Ele nunca se cansa de perdoar; somos nós que, às vezes, nos cansamos de pedir perdão. E nunca temos que nos cansar, nunca. Ele é o Pai amoroso que perdoa sempre e cujo coração está cheio de misericórdia para todos nós".

E assim sucessivamente. De surpresa em surpresa. A grande sacudida. A Igreja muda de passo. Do gregoriano ao tango. De são Boaventura a são Francisco. É a humanização do sucessor de Pedro.

São gestos de ruptura e de descontinuidade que seduzem as pessoas e tiram do jogo uma cúria incapaz de se conectar com a linguagem simbólica do novo papa. Revolução, pois, no fundo e na forma. O papa Francisco está aberto "ao novo que avança" em seu estilo de vida e em seu programa. A revolução dos pequenos gestos de um papa informal, minimalista, comunicativo, surpreendente e disposto a derrubar costumes, ritos e cerimoniais ancilosados. Com suas "florzinhas" franciscanas, que calam fundo.

Alguns cardeais começaram a entender a revolução roncalliana e dos pequenos passos do papa Francisco. "Com sua aparência bondosa e serena, com sua sensibilidade aos sofrimentos do mundo e com seu estilo simples, Francisco será um papa ouvido até pelos que não são crentes". Quem assim explica é o cardeal Ennio Antonelli, prefeito emérito do Pontifício Conselho para a Família.

E o purpurado italiano acrescenta que o papa "é nosso principal recurso evangelizador, um homem que transluz Deus de uma forma visível e profunda. Porque as pessoas de hoje querem ver Cristo, e não só ouvir falar dele. A Igreja é sinal da presença de Cristo, e o papa, como são Francisco, mostrará o rosto de Cristo com sua própria vida, e isso tornará mais crível a Igreja, mesmo quando tiver que reafirmar valores inegociáveis".

A comparação com João XXIII faz fortuna

É tão evidente a semelhança que a comparação do papa Francisco com o papa João já está se tornando um clichê. Há vários exemplos. É o que diz o arcebispo de Osoro, que tanto se parece ao novo papa não só em seu estilo pastoral, mas também no porte físico. "O papa Francisco, no estilo de João XXIII, está nos convidando, com sua própria vida, a ser pastores como Deus quer, com generosidade, não como déspotas, e sim como modelos do rebanho".

Em sua opinião, "Sobre a rocha que é a própria vida do papa Francisco, o Senhor quer continuar iluminando e mostrando os caminhos que a Igreja deve recorrer em momentos não fáceis. Já nesses primeiros dias está nos mostrando que esses caminhos se realizam na proximidade com as pessoas, na simplicidade do Evangelho, nas palavras diretas aos homens, falando a eles de Jesus Cristo como o único caminho e a única luz que temos para chegar à meta".

Também o vê assim o padre Ángel, fundador e presidente dos Mensageiros da Paz. Destaca "a valentia, a simplicidade e a proximidade do papa Francisco", qualidades que, em seu entender, "são necessárias para a Igreja católica e que se alinham com o pontificado de João XXIII. A Igreja católica precisa de um papa com esse tipo de gestos simples e abandonar as parafernálias".

Uma comparação que o próprio Bergoglio, em sua época de cardeal, assim explica a Sergio Rubín e Francesca Ambrogetti em seu livro *O jesuíta*, falando acerca do risco de se tornar burocrata: "Mas é crucial evitá-lo. Pouco antes de morrer, João XXIII manteve uma longa reunião com Casaroli, e, quando este estava para se aposentar, o papa lhe perguntou se continuava visitando os jovens na casa de detenção. "Nunca os abandone", recomendou. João XXIII também era um pastor que ia para a rua. Sendo patriarca de Veneza, costumava descer às onze horas à praça São Marcos cumprir o chamado "rito da sombra", que consiste em ficar à sombra de uma árvore ou de um bar e tomar um copinho de vinho branco e conversar uns minutos com os paroquianos. Ele fazia isso como qualquer veneziano, e depois prosseguia com seu trabalho. Isso para mim é um pastor: alguém que vai ao encontro das pessoas".

Está claro que o papa Francisco vai nos fazer recordar cada vez mais o *papa bom* nos gestos, nas palavras. E nas decisões? Será Francisco um papa reformador? De grandes reformas ou de pequenos retoques? Todos os especialistas estão de acordo ao afirmar que Francisco foi eleito justamente para fazer reformas. E não só da cúria, mas também de toda a Igreja.

É o que pede seu amigo, o cardeal brasileiro Cláudio Hummes, a quem Bergoglio quis destacar, quebrando o protocolo, colocando-o a seu lado no momento da saudação ao povo de Deus na *loggia* das Bênçãos. Para o ex-arcebispo de São Paulo, o sumo pontífice "Quebrou vários rituais", o que pode ser um "indício de renovação", porque "a Igreja, a cúria romana, precisa urgentemente ser reformada", pois "assim como está, a Igreja já não funciona mais".

Em declarações ao jornal *Folha de S. Paulo*, Hummes recordou que sua amizade com o novo papa nasceu na V Conferência do Episcopado Latino-americano. "Foi em Aparecida, em 2007, durante a V Conferência Latino-americana, que passamos muito tempo trabalhando juntos, onde surgiu a amizade. Admirei muito sua sabedoria, sua serenidade e espiritualidade. Ele é muito lúcido e muito pastoral. Deseja que a Igreja seja mais evangelizadora".

Em seu entender, o papa não quer só reformar a cúria. "Há muitas outras coisas, como nossa forma de celebrar missa ou de evangelizar. A nova evangelização precisa de novos métodos." Uma tarefa reformadora, na qual o ajudará o fato de ter vivido longe de Roma: "Isso o ajudará a ser mais independente, a ter uma visão mais objetiva. É muito diferente ver o jogo da arquibancada que vê-lo jogando no campo".

O roteiro de seu mentor, o cardeal Martini

Junto à herança do papa bom está a do cardeal jesuíta reformista Carlo Maria Martini, que o apadrinhou como papável já no conclave anterior. Quem explica é Georg Sporschill, autor de *Diálogos noturnos em Jerusalém*, um dos livros-memória do prestigioso cardeal de Milão. "Ao comparar as biografias do papa Francisco e do cardeal Carlo Maria Martini noto muitas semelhanças. 'A agenda Martini' para a eleição do novo papa, como foi chamado meu último diálogo com o arcebispo emérito de Milão, conduz exatamente à personalidade do novo pontífice. É quase como se o cardeal Martini houvesse tido esse homem diante de seus olhos quando expressou sua própria dor pela cansada Igreja europeia e traçou a imagem de um papa para enfrentar os atuais desafios".

E mais ainda: nesse livro o cardeal Martini aponta o que ele considera que deveria ser o roteiro da Igreja. Já sonhando, talvez, com a chegada de um papa Francisco ao sólio pontifício.

Um roteiro para que a instituição olhe para o futuro sem angústia, mas com coragem. Sua ideia reforça: "A Igreja tem que ter coragem de se reformar". A palavra de ordem soava a desafio em uma Igreja que vivia o apogeu de uma das épocas mais antirreformistas de sua história recente. Mas cheirava a anseio esperançoso de milhões de católicos em todo o mundo.

Por isso, quando os setores mais reacionários o chamavam de "antipapa", Martini sempre respondia: "De qualquer maneira, serei um 'antepapa', alguém que se antecipa ao Santo Padre como seu colaborador e trabalha para ele".

"A Igreja precisa de reformas internas. A força da renovação tem que vir de dentro", afirmava o cardeal. Até se atrevia a usar como exemplo Martinho Lutero, "o grande reformador", e recordava que havia não muito tempo "a Igreja católica se deixou inspirar pelas reformas de Lutero no Concílio Vaticano II".

Seu diagnóstico eclesiástico, claro e categórico: A Igreja atual tem "medo", e, se Jesus voltasse, "lutaria com os atuais responsáveis da Igreja" e "os faria recordar que não devem ficar fechados sobre si mesmos, e sim olhar para além da própria instituição". E convidava a sonhar, como ele mesmo sonhava, "com uma Igreja que percorre seu caminho na pobreza e na humildade, com uma Igreja que não depende dos poderes deste mundo", com uma Igreja "que abra caminhos, em especial àqueles que se sentem pequenos ou pecadores", com "uma igreja jovem".

E o cardeal continuava detalhando as qualidades de "sua" Igreja. E apontava sempre onde mais doía na instituição. "Uma Igreja simples, com menos burocracia." Uma Igreja que volte ao Concílio, porque "existe a tendência de se afastar do Concílio" da parte de alguns bispos que "estão tentados voltar aos bons e velhos tempos".

E como todo profeta que combina a denúncia e o anúncio, Martini propunha reformas concretas. É claro, sem tocar no dogma. Primeiro, reformas na estrutura. Queria uma Igreja mais colegial e com bispos que parassem de ficar "entrincheirados". E com o altar aberto aos padres casados e às mulheres. "Nem todos os que são chamados ao sacerdócio têm o carisma do celibato". E pedia à Igreja "inventividade". Por exemplo, "discutir a possibilidade de ordenar *viri provati*, ou seja, homens experimentados e provados na fé e no trato com os outros".

E até se atrevia a advogar pelo acesso da mulher ao sacerdócio consagrado, um tabu em Roma. A esse respeito, contava que, já em 1990, havia visitado o então arcebispo de Canterbury, George Carey, para "incentivá-lo a assumir esse risco, algo que poderia ajudar também a nós a ser mais justos com as mulheres". E Martini não se acanhava na hora de reconhecer que, por essas e outras, "os homens de Igreja têm que pedir perdão às mulheres".

Além das reformas estruturais, Martini preconizava mudanças doutrinais, especialmente no âmbito da moral sexual. Em busca de uma sexualidade que não esteja "reservada ao confessionário e ao âmbito da culpa". Uma sexualidade "saudável e humana" ou "uma nova cultura que promova a ternura e a fidelidade".

Algo para o que não contribui, em seu entender, a *Humanae Vitae*, a célebre encíclica de Paulo VI que definiu a doutrina sobre a sexualidade da Igreja. "A encíclica é, em parte, culpada por muitos já não levarem a Igreja a sério como interlocutora ou como mestra". Uma encíclica pela qual "muitas pessoas se afastaram da Igreja". Por isso pedia a Bento XVI que, para "recuperar a credibilidade", "escreva uma nova (encíclica) e vá mais longe nela".

E certas mudanças também na doutrina dos *novíssimos*. Por exemplo, dizia que não podia imaginar "como Hitler ou um assassino que abusou de crianças podem estar junto a Deus". E afirmava que "o inferno existe, só que ninguém sabe se há alguém nele", porque, no fim, "o amor de Deus é mais forte". E para os grandes pecadores há o purgatório, onde "são submetidos a terapia até que se abrem e podem receber o amor de Deus".

Como o papa Francisco poderá concretizar os conselhos de seu sábio mentor? Além das reformas concretas, o novo papa tem duas possibilidades estratégicas: aplicar a fundo e extrair todo o sumo do Concílio Vaticano II, em tantas coisas inédito, ou convocar um Concílio Vaticano III.

Justamente no ano da celebração do 50º aniversário do Concílio Vaticano II, uma nova primavera *roncalliana* desponta na Igreja. Brotos verdes do Espírito. Permitirão que cresçam? Os poderes ocultos deixarão que o novo papa institua as reformas que julgar oportunas? Aí mora um dos perigos de seu recém-nascido pontificado. E no risco de decepcionar as enormes expectativas depositadas nele, no papa Francisco, para "consertar a Igreja, que ameaça ruína". Amém.

8

Francisco, o último papa?

Segundo são Malaquias, Francisco será o último papa, "Pedro o Romano", após o qual virá a destruição e o Apocalipse. O "papa negro", como o definiu Nostradamus. Bergoglio, jesuíta, nunca foi general da ordem, embora assim seja conhecido. Os sinais de todo tipo adornaram a renúncia de Bento XVI e o conclave que elegeu o arcebispo de Buenos Aires. O papa destinado a mudar a Igreja, e também acabar com as profecias?

Com Jorge Mario Bergoglio, são 266 os homens que, ao longo da história da Igreja, dirigiram a barca de Pedro. O primeiro deles, o apóstolo escolhido por Jesus Cristo. "Tu és Pedro, e sobre esta pedra edificarei a minha Igreja". Se cair Pedro, cairá a Igreja? Esse parece ser o resultado catastrofista de cada uma das profecias que, ao longo dos séculos, se fizeram cada vez que morria um papa - neste caso, foi renúncia -, e os cardeais se trancavam na capela Sistina para eleger o novo portador das sandálias do Pescador.

Desde a primeira profecia do pescador de Nazaré passaram-se dois mil anos de vicissitudes, cismas, antipapas e conivência dos pontífices com o poder. Houve papas santos, cruéis, sanguinários e eunucos. Pontífices casados, viúvos, assassinados, até julgados depois de mortos, como o caso de Formoso. Mas a Igreja sempre continuou. Pelo menos até agora, quando se elegeu aquele que, segundo a visão de são Malaquias, será o último papa. Depois, virá a destruição da Igreja, e, talvez, da humanidade. Um destino apocalíptico que, mais cedo ou mais tarde, poderia se tornar realidade, seja por força do cumprimento das profecias, do advento do Apocalipse anunciado por são João ou simplesmente pela própria condição humana.

Mas, verdade seja dita, Roma sempre esteve no destino de invasões bárbaras, imperiais e até mesmo intraeclesiásticas – os novos movimentos, nos últimos anos, "ocuparam" a cátedra de Pedro, expulsando sem misericórdia todos os que não concordavam com os guardiães da ortodoxia –, e em diversas ocasiões os papas (e antipapas) tiveram de fugir para Constantinopla, Peníscola ou Avignon.

Até o último de todos, aquele que renunciou a continuar governando a Igreja, mas que continuará sendo, até o dia de sua morte, papa de Roma, Bento XVI, preferiu se recolher, pelo menos durante um tempo, na residência estival dos pontífices, Castel Gandolfo, e não interferir no processo que levou à eleição de seu sucessor, Francisco.

Um raio em são Pedro

Em 11 de fevereiro passado, uma explosão tronou a vida da Igreja. Pela primeira vez na história – excetuando o precedente de Celestino V, em outra época e com outros condicionantes bem diferentes –, o bispo de Roma, Bento XVI, anunciava sua renúncia ao papado. Sentia-se sem forças, derrotado pela maquinaria de uma cúria que havia tentado desarmar seus esforços de limpar a instituição e pela traição de seu mordomo, Paolo Gabriele, que sozinho ou em companhia de outros – um dia saberemos toda a verdade desse enorme escândalo – havia vazado à imprensa mundial dezenas de documentos secretos. O escândalo *Vatileaks* augurava pouco menos que a destruição do modelo de instituição tal como o conhecemos: hierático, hermético, sem brechas.

Pela primeira vez na história quebrava-se o muro de silêncio. Caía um dos mitos do Vaticano: conheciam-se discussões ácidas entre cardeais da cúria, problemas fiscais, delações, furtos, negociações secretas... inclusive uma suposta maquinação para que o papa morresse em novembro de 2013. O segredo de Pedro ficava exposto. E Bento XVI não aguentou mais: em 17 de dezembro de 2012, depois de receber a comissão cardinalícia encarregada de elaborar um relatório sobre o *Vatileaks* – composta pelos cardeais Herranz, Tomko e Giorgi –, Ratzinger conheceu as conclusões em um dossiê de 317 páginas que decidiu guardar a chave e que hoje, provavelmente, seu sucessor Francisco já leu.

Independente do conteúdo, a verdade é que os "corvos" do Vaticano acabaram sobrevoando as proximidades do Palácio Apostólico. Como animais carniceiros. O "pastor acossado pelos lobos", como definiu magistralmente *L'Osservatore Romano*, decidiu abandonar e dar lugar a outro guia para um rebanho, farto de tanto escândalo. "Não aguento mais", pensou. E foi embora.

O ano de 2012 foi aquele em que o mundo ia acabar, se acreditarmos nas interpretações das profecias maias. Em 21 de dezembro, especificamente 21/12/2012. Foi dois meses depois que tudo parecia ruir. Dando ouvidos às profecias de são Malaquias, o pontificado de Bento XVI, o "papa da Oliveira", haveria de nos conduzir a Pedro II o Romano, o último dos papas, após o qual viriam a destruição e a morte, antes do Juízo Final. Alguns devem ter pensado que o fim dos tempos estava perto quando, em um mundo no qual todos se agarram a sua poltrona, o próprio papa de Roma, com assento vitalício no trono de Pedro, anunciava que estava indo embora. Que o abandonava. Que já não tinha forças. Que estava esgotado. Assim que soube da notícia, Angelo Sodano leu um texto na frente do papa afirmando que o anúncio de sua renúncia, tão inesperada, "havia ecoado na sala como um trovão em um céu sereno". Apesar de que, de sereno, o ambiente da cúria vaticana não tinha nada. E o céu vaticano também não, como se demonstrou poucas horas depois.

Chovia em Roma. Abundantemente. Uma tempestade dessas que fazem época, segundo afirmam as testemunhas. Ao cair da noite um intenso raio caiu no alto da cúpula de São Pedro. Alguns vidros se quebraram, e o maior templo da cristandade retumbou como nunca antes. O próprio Angelo Sodano, todo-poderoso secretário de Estado com João Paulo II e agora caído em desgraça por suas conivências com o pederasta Marcial Maciel, explicava que "Deu a sensação de que o céu havia se partido ao meio". Um sinal divino? Deus não concordava com a decisão de Bento?

Um repórter da agência Ansa, a mesma que transmitiu, com exclusividade, a renúncia papal, capturou a imagem do céu azul-escuro, quase preto, de Roma, e a cúpula atingida pelo raio, cujos efeitos iluminaram todo o interior da basílica. Contam que o próprio papa, que descansava nos aposentos pontifícios, acordou, sobressaltado, por conta do impacto. Alguns sacerdotes da cúria afirmam, de forma privada, que rezaram, morrendo de medo.

Milagre? Montagem? Coincidência? Apocalipse? O certo é que a impactante imagem deu a volta ao mundo. O autor do instantâneo, Alessandro Di Meo, relatou que "estava ali quando, simplesmente, o raio caiu no lugar exato e no momento adequado", e ele disparou sua câmera e registrou o momento para a eternidade.

E isso que a manhã, embora nublada, não ameaçava tempestade. Mas, à tarde, desatou-se a voragem, a praça foi envolvida na escuridão, e às 19:30h, o céu descarregou um raio sobre a cúpula mais alta do mundo.

O papa e as gaivotas

Dois domingos antes de sua renúncia, após a oração do *Angelus*, Bento XVI soltava no ar uma pomba da paz. Celebrava-se o dia mundial da paz, em memória do assassinato de Mahatma Gandhi, e em memória também do Holocausto. A marcha anual rumo à praça São Pedro da Caravana da Paz chegou ao Vaticano, e, após a reza, o papa soltou algumas pombas. Logo após iniciar seu voo, a ave foi surpreendida por uma gaivota – outro animal carniceiro, como os corvos que tanto têm a ver com a despedida do papa alemão –, que se jogou sobre ela e prensou contra os muros do Palácio Apostólico, diante do olhar atônito dos fiéis que se encontravam na praça para escutar o Santo Padre e ser abençoados por ele. Felizmente, a pomba conseguiu escapar do embate.

Um sinal... E Bento XVI, na segunda-feira, 11 de fevereiro, às 11:23h da manhã, pronunciava no meio de um discurso, e sem que ninguém esperasse, as palavras de sua renúncia. O final de uma era? Talvez o final da Igreja?

Situada a trinta quilômetros do Mediterrâneo, Roma é cortada pelo Tibre, o rio imperial, que desemboca no porto de Ostia. O porto de Roma. Não é estranho, por isso, que de quando em quando gaivotas sobrevoem a praça São Pedro. Sempre passaram despercebidas, mas sua presença nos primeiros meses de 2013 foi um espetáculo. Primeiro, pelo ataque às pombas da paz. E depois, quando uma delas se atreveu a pousar em cima da chaminé da capela Sistina.

Foi durante a tarde de 13 de março, ao fim da qual o conclave elegeu o cardeal Bergoglio como novo papa. Às cinco da tarde, uma vez comprovado que não haveria fumaça após a quarta votação, uma gaivota fincou suas garras na pequena chaminé na qual os fiéis congregados em São Pedro e centenas de milhões de pessoas em todo o mundo, por meio da televisão e da internet, haviam depositado seus olhos e suas esperanças.

Não se moveu durante quase duas horas. Regozijo popular, expectativa e vaticínios. Seria o Espírito encarnado não em pomba, e sim em outra ave, anunciando a imediata fumaça branca? Tratar-se-ia de um símbolo da chegada ao sólio pontifício de algum cardeal implicado no *Vatileaks*? Seria o novo papa um dos "corvos" do Vaticano? As redes sociais se inundaram de mensagens e imagens da gaivota, que chegou até a ter um perfil no Twitter – desativado no dia seguinte –, que meia hora depois era *trending topic* e atingia milhares de *followers*. Pouco antes das sete da noite a ave se retirou da chaminé, e minutos depois saía uma rotunda fumaça branca da capela Sistina. *Habemus Papam*. Presságio ou coincidência?

Profecias do fim do mundo

Independente da fenomenologia atmosférica ou dos anseios cinegéticos, o certo é que a eleição de um papa nos remete automaticamente às profecias sobre o final do mundo e da Igreja. A instituição, não resta dúvida, é fonte de histórias, lendas e mitos de todo tipo e condição, dos fragmentos da Cruz de Cristo às relíquias, passando por curas milagrosas, exorcismos e tramas detetivescas. Roma é um magnífico palco para qualquer novela. E, às vezes, a ficção – como comprovamos com o escândalo *Vatileaks* – acaba superando a realidade.

A morte de um papa é um acontecimento midiático e social. Também eclesiástico. E, é claro, uma porta aberta a todo tipo de agoureiros mais ou menos informados. Neste caso, além de tudo, somava-se o fato de que pela primeira vez o sucessor de Pedro renunciava, e o de que dois papas coabitariam. Tudo era muito confuso.

Existem duas predições sobre a nomeação do último sumo pontífice; ambas são apocalípticas. A primeira delas corresponde ao conhecido profeta Nostradamus: "No início haverá doenças mortais como advertência, depois haverá pragas, morrerão muitos animais, haverá catástrofes, mudanças climáticas, e finalmente começarão as guerras e invasões do rei negro", reza a profecia.

Em segundo lugar encontramos Malaquias. O monge irlandês não fala especificamente de desastres naturais, mas do fim do mundo como o conhecemos, o "juízo final". O vidente predisse que haveria 112 papas desde o contemporâneo a ele, Celestino II. Segundo os cálculos realizados na temida "profecia dos papas", Bento XVI foi o penúltimo. Então, Francisco será o último?

Existem outras profecias menores, como a do astrônomo Michel de Notre-Dame (1503-1566), que vaticinou que o sucessor de João Paulo II seria assassinado no centro da Itália e que o acontecimento partiria em dois a Igreja católica e a Santa Sé. Ou a que ficou popular em 1961 na localidade cantrábia de São Sebastião de Garabandal, onde supostamente ocorreu uma série de aparições de Nossa Senhora para quatro meninas, que, após a morte do papa João XXIII, vaticinaram que só restavam três papas antes "do fim dos tempos".

O auspício falhou, ao menos no tocante ao número: após Roncalli, chegaram ao Vaticano mais cinco pontífices: Paulo VI, João Paulo I, João Paulo II, Bento XVI e, agora, Francisco.

Em 1972 o pintor e escultor argentino Benjamín Solari Parrvicini, muito conhecido por uma série de desenhos proféticos que realizou ao longo da vida, fez um estranho desenho acompanhado do seguinte texto: "A Argentina mostrará, após a prova, o homem novo, e o novo homem ensinará!"

Nesse mesmo ano fez outra pintura, acompanhada da mensagem: "A Argentina terá sua quarta postura, e [...] será do mundo!" "O papado terá novas normas. O mau de ontem deixará de sê-lo. A missa será protestante, sem sê-lo. Os protestantes serão católicos sem sê-lo. O papa se afastará do Vaticano em viagens e chegará à América, enquanto isso a humanidade cairá", escreveu. O novo papa, no fim, é argentino.

O advento do *papa negro*

Um *papa negro*. A profecia de Nostradamus – o profeta por antonomásia da Idade Média, cujas visões servem tanto para nomear um papa quanto para designar o nome de um cometa ou vaticinar guerras mundiais – indicava a ideia da eleição de um rei escuro no trono vaticano, depois do qual não haveria nenhum outro papa; e do céu viria o anunciado Apocalipse. O vaticínio foi interpretado nos últimos anos como o sinal de uma possível III Guerra Mundial, uma batalha com armas químicas que acabaria com a civilização e com qualquer rastro de vida humana, mas também, simplesmente, como a presença no trono de Pedro de um papa negro.

Francis Arinze e Peter Turkson foram apontados de imediato como verdadeiros papáveis. O segundo, inclusive, com uma campanha de cartazes elaborada por uma agência publicitária que encheu Roma de imagens do novo *papa negro* – que, ainda por cima, também se chamaria Pedro, unindo as profecia de Nostradamus e a de Malaquias e Pedro o Romano –, e que, no fim, acabaria com as poucas possibilidades que teve – apesar dos desejos de certo jornal –, de suceder Bento XVI.

"O sucessor de pele escura será o último antes do temido Apocalipse", disse Nostradamus, que augurou que o substituto de Bento XVI estaria "destinado a fugir de Roma por conta do ataque dos muçulmanos". Segundo Gonzalo Echeverri, autor de *Nostradamus: The Coming War Between Islam And The West*, "o próximo papa terá que fugir de Roma por conta do ataque dos muçulmanos". Muito se escreveu sobre um complô islâmico para acabar com o papa ou destruir o Vaticano, embora atualmente a ameaça, que continua estando entre as prioridades dos serviços de segurança de metade do mundo, não pareça tão próxima como nos dias posteriores ao 11 de setembro. Em todo caso, Echeverri explica que, após sua fuga, o pontífice se radicaria em Avignon, berço de papas na Idade Média, enquanto outro papa assumiria o poder em Roma. Virá outro cisma – alguns falam dos lefebvrianos, outros da própria cúria que poderia ser descabeçada por Francisco –, e "a Santa Sé mudará para outro lugar e terá que fugir para Lyon, onde sofrerá um atentado". Mais profecias catastrofistas: "Na nave imperfeita, a maior parte nadará junto ao rio, e a terra se tingirá de sangre". Se o novo papa ler isso, com certeza um calafrio percorrerá seu corpo.

O eleito foi Jorge Mario Bergoglio, um argentino de ascendência italiana. De pele clara, e sem pragas nem invasões de nenhum lado. O primeiro pontífice não europeu desde tempos imemoriais. E o primeiro jesuíta, cujo máximo líder, o prepósito geral, é apelidado *de papa negro*, por sua histórica influência e poder no seio da instituição, hoje menor após o ostracismo a que João Paulo II – e, em menor medida, Bento XVI – condenaram a congregação fundada por santo Inácio de Loyola; e que, apesar de tudo, continua sendo a maior e mais influente ordem religiosa masculina do mundo.

O apelido surge da cor das batinas que historicamente seus membros vestiram, que contrasta com a cor da vestimenta do papa romano. O preto também é atribuído ao passado obscuro da congregação em alguns países – entre eles a Espanha –, de onde a Companhia de Jesus foi expulsa. Um papa, Clemente XIV, até ordenou a dissolução dos jesuítas no século XVIII. Quando Bergoglio foi designado papa, e antes de escolher o nome de Francisco em homenagem ao *poverello* de Assis, um dos cardeais mais próximos lhe propôs que escolhesse Clemente XV, como forma de desagravo e "vingança" contra o pontífice que quase acabou com a ordem inaciana.

São Malaquias e "Pedro o Romano"

"Eu, Malaquias, digo que ao papa *de labore solis* seguirá o penúltimo da história da cristandade. *De gloria Olivae* (a glória da Oliveira) será chamado a Roma da Cidade Santa de Jerusalém, e será recebido em ovação, como Jesus Cristo foi em Jerusalém antes de seu calvário, para se tornar sumo pontífice dos que vivem na fé de Deus. E a ele seguirá Pedro II. Na última perseguição da Santa Igreja Romana, terá sua sede Pedro o Romano, que fará apascentar suas ovelhas entre terríveis tribulações, passadas as quais, a cidade das sete colinas será destruída, e o juiz supremo julgará o povo."

Sem sombra de dúvida, a profecia com mais vigência e interesse de todas as que se formularam ao longo da história dos pontificados é a de são Malaquias. O monge irlandês, que chegou a arcebispo de Armagh, data do século XII, mas suas predições só se tornaram públicas em 1595, e, caso se cumpram, isso significaria que a deste mês de março foi a última eleição papal da história. O último conclave. A última fumaça branca.

Segundo o manuscrito encontrado, Malaquias publicou uma lista de 112 papas, desde Celestino II (o pontífice que governou a Igreja quando o frade escreveu suas profecias) até Pedro II o Romano. O último papa. Que, segundo as contas, e incluindo na lista os antipapas, seria Francisco.

Quem foi Malaquias? As crônicas relatam que se tratou de um monge beneditino nascido na Irlanda em 1094 que durante sua adolescência se tornou ermitão. Sua fama de santidade chegou aos ouvidos do bispo da região, que o pressionou para que se tornasse sacerdote. Durante seus anos como presbítero, Malaquias se dedicou de corpo e alma a fomentar o culto entre os fiéis, bem como a proporcionar sepultura e um enterro digno às centenas de pobres que não tinham, literalmente, onde cair mortos. Também aos caídos em desgraça, como aconteceu com o destronado rei de Munster.

Como na "Parábola do grão de ouro", o de Munster voltou a reinar, e então se lembrou daquele monge santo que o havia acolhido em seus momentos de fraqueza. Malaquias contou, desde então, com a proteção do monarca, e pôde se dedicar de corpo e alma à reforma na abandonada abadia de Bangor, que em poucos anos voltou a florescer em vocações, tornando-se um dos centros de espiritualidade da então nascente Irlanda. Nomeado bispo de Bangor, Malaquias sofreu a invasão dos bárbaros do norte. Então, o rei de Munster lhe deu umas terras para poder construir um mosteiro, próximas à diocese de Armagh, onde o santo irlandês alcançou a mitra, impulsionando um vigoroso plano de evangelização que jamais culminou, pois, como um milênio depois faria Ratzinger, acabou apresentando sua demissão e voltando a uma vida de ermitão.

Sua alegria não durou muito. Pouco tempo depois, o papa Inocêncio o chamou a Roma, nomeou-o arcebispo e lhe deu sua estola e manípulo. Foi justamente durante o mês que passou na Cidade Eterna que Malaquias escreveu suas famosas profecias, que se perderam no tempo e só vieram à luz cinco séculos depois. Depois disso, o monge pediu ao papa licença para se retirar junto a Bernardo de Claraval, um dos grandes reformadores da história da Igreja, mas o pontífice não lhe permitiu, alegando que sua missão devia continuar sendo a evangelização da Irlanda.

Com a morte de Inocêncio, Malaquias pôde por fim tentar realizar seu sonho, mas não conseguiu se juntar a Claraval e entrar na nascente ordem cisterciense. São Malaquias chegou doente a Claraval e faleceu nos braços de são Bernardo em 2 de novembro de 1148. Quarenta anos depois seria canonizado.

A "Profecia dos papas" de são Malaquias apareceu no *Lignum vitæ, ornamentum, & decus Ecclesiae* (A árvore da vida, o ornamento e a glória da Igreja) em 1595, publicado pelo monge beneditino belga Arnoldo de Wion (que era historiador de sua ordem). Wion dedicou esse livro ao imperador Felipe II. O *Lignum vitæ* é uma biografia coletiva dos beneditinos elevados à dignidade episcopal.

O livro, um sucesso na Europa cristã da época, que acabava de se acostumar à imprensa e vivia imersa nas guerras religiosas que sucederam o cisma luterano, oferece uma lista com as frases correspondentes aos papas anteriores a 1595, muito mais precisas que as sucessivas. *A posteriori*, já se sabe, as coisas ficam muito mais claras.

Segundo os historiadores, as sentenças feitas "profeticamente" por Malaquias estão bastante de acordo com a história e ações dos papas até Urbano VII (1521-1590). A partir dessa data é preciso fazer verdadeiros esforços de imaginação para que coincidam sentença e pontificado. Contudo, é um exercício certamente estimulante. E, se não levarmos em conta que o resultado final, no caso de serem certos os vaticínios, é o fim da vida humana e da Igreja, pode ser até divertido.

Segundo a hipótese do abade Cucherat (1871), são Malaquias escreveu a profecia em Roma, entre os anos 1139 e 1140 quando visitava o papa Inocêncio II para lhe reportar os assuntos de sua diocese. Então, entregou seu manuscrito ao papa para consolá-lo em suas atribulações. O papa guardou o manuscrito nos arquivos romanos, onde ficou esquecido até sua descoberta, em 1590, e sua publicação cinco anos depois.

Acertos ou componendas?

Em sua "Profecia dos papas", Malaquias vaticinava o destino dos papas do presente e futuro. A investigação posterior demonstrou que, em boa medida, muitas de suas predições foram reformuladas por seus seguidores, embora o temor e a reverência às supostas palavras do santo irlandês tenham perdurado no tempo. Chega-se até a dizer que as profecias foram reestruturadas pelos esbirros do cardeal Simonello, que, em 1590 – o ano dos dois conclaves, como 1978 –, concorria ao anel do Pescador e quis "orientar" os desejos de seus irmãos cardeais. Com bastante sucesso, pois chegou a papa.

Leão XI, que governou a Igreja em 1605, seria *Undosus vir*, cuja tradução aproximada seria "Homem agitado pelas ondas". Certa ou não a profecia, o que aconteceu é que o pontífice faleceu sem cumprir um ano de pontificado, talvez "agitado" pela doença.

Inocêncio X (1644-1655) foi o papa *Incunditas via* (Alegria da cruz), e, segundo consta nos arquivos vaticanos, foi eleito no conclave que acabou no mesmo dia da Exaltação da Cruz. Pio VII, por sua vez, que reinou entre 1823 e 1829, deixou todo o poder político nas mãos de seu secretário de Estado, dedicando-se ao cuidado das almas, como profetizava Malaquias ao considerá-lo *Vir religiosus*, o homem religioso.

Os escudos episcopais de outros papas também serviram para encontrar semelhanças razoáveis com o que Malaquias escreveu. Assim, Leão XIII (1878-1903) foi anunciado como *Lumen in coelo*, e seu brasão portava um cometa que singrava o universo. Do mesmo modo, o leão e a águia que presidiam o escudo de Inocêncio XI (1676-1689) coincidiam com a predição de Malaquias, que apontava esse papa como *Bellua insatiabilis* (Fera insaciável).

Os pontífices anteriores a Bento XVI também sofreram as equiparações de seus nomes com as profecias de Malaquias. Bento XV (1914-1922) foi o *Religio depopulata*, em um tempo em que triunfava a revolução comunista, que, além de tudo, provocou a última grande profecia da Igreja católica: a revelada por Nossa Senhora aos pastorzinhos de Fátima, e a visão da Primeira Guerra Mundial.

Trinta anos depois, Pio XII (1939-1958) foi denominado *Pastor angelicus*, o que suscitou evidências em relação a seu sobrenome, Pacelli, ao passo que seu antecessor, Pio XI (1922-1939), recebeu de Malaquias a alcunha de *Fides intrepida*, e a verdade é esse pontífice lutou com denodo contra o fascismo e o nazismo, o que levou às autoridades alemãs a cogitar seu assassinato ou sequestro.

Pastor et nauta foi a alcunha que corresponderia, segundo Malaquias, a João XXIII, o pontífice que guiou a cristandade para o Concílio Vaticano II e a renovação. Por sua vez, Paulo VI portava em seu escudo três flores-de-lis (*Flos lorum*, como dizia a profecia do santo irlandês). João Paulo I foi o papa da meia-lua (*De medietate lunae*), e o conclave em que foi eleito aconteceu nesse ciclo lunar. Seu pontificado quase não completou um mês, vindo a falecer no final da fase lunar seguinte.

João Paulo II foi *De labore solis* (Do trabalho do sol), e a verdade é que seus 27 anos de pontificado se caracterizaram pelas viagens. Karol Wojtyla, que poderia ser canonizado por Francisco, percorreu todos os cantos da Terra, de sol a sol. Após o papa polonês, só restariam o papa da Oliveira (*De gloria Olivae*), que deve ter sido Bento XVI, e Pedro o Romano. Será Bergoglio o último papa da Igreja?

Segundo são Malaquias, o próximo santo padre seria Pedro o Romano, "o papa sob o qual a cidade das sete colinas será destruída". Roma é essa cidade das sete colinas que agora vive sob a ameaça da destruição. Um vaticínio, não esqueçamos, que viu a luz há nada mais, nada menos que oito séculos. As interpretações mais apocalípticas falam diretamente do final da Igreja católica e, inclusive, dos últimos dias da humanidade.

De Pio IX até Francisco, estas são as frases atribuídas a Malaquias:

- 101: *Crux de Cruce* (Cruz de Cruz). Pio IX (1846-1878).
- 102: *Lumen in caelo* (Luz no céu). Leão XIII (1878-1903). Esse papa foi o artífice da Doutrina Social da Igreja, considerada por muitos uma "luz" na forma de entender o trabalho e o papel da fé na configuração da sociedade contemporânea.
- 103: *Ignis ardens* (Fogo ardente). Pio X (1903-1914). Em 1914, quando Pio X agonizava, murmurou umas palavras que, ao que parece, se referem ao último papa, ao papa do fim dos tempos: "Vi um de meus sucessores de mesmo nome fugindo por entre os corpos mortos de seus irmãos. Ele se refugiará incógnito em algum lugar, e depois de um

breve respiro morrerá de morte cruel. O respeito a Deus desapareceu dos corações. Tenta-se apagar até mesmo a recordação de Deus. Essa perversidade não é mais que o princípio dos males que devem chegar antes do fim do mundo".

- 104: *Religio Depopulata* (Religião devastada). Bento XV (1914-1922). Durante seu pontificado a Europa viveu a Primeira Guerra Mundial. Destacou-se por seus esforços pela paz durante a contenda.
- 105: *Fides intrepida* (A fé intrépida). Pio XI (1922-1939).
- 106: *Pastor angelicus* (Pastor angelical). Pio XII (1939-1958). Reconhecido como um grande intelectual e defensor da paz, embora seu papel perante o Holocausto não tenha sido suficientemente esclarecido.
- 107: *Pastor et nauta* (Pastor e navegante). João XXIII (1958-1963). Foi o Patriarca de Veneza, cidade de navegantes. Conduziu a Igreja ao Concílio Vaticano II.
- 108: *Flos florum* (Flor das flores). Paulo VI (1963-1978). Seu escudo contém a flor-de-lis (a flor das flores).
- 109: *De medietate Lunae* (Da meia-lua). João Paulo I (1978-1978). Albino Luciani (do italiano, luz branca). Nasceu na diocese de Belluno (do latim, bela lua). Foi eleito em 26 de agosto de 1978. Na noite de 25 para 26 a lua estava na fase de meia-lua. Morreu após um eclipse da lua. Seu nascimento e suas ordenações sacerdotal e episcopal ocorreram em noites de meia-lua.
- 110: *De labore solis* (Da fadiga, ou trabalho do sol). João Paulo II (1978-2005). Foi capaz de um trabalho extraordinário e extenso. Nos dias de seu nascimento e morte houve eclipses solares.
- 111: *Gloria Olivae* (A glória da oliveira). Bento XVI (2005-2013). Nasceu e foi batizado em sábado de glória. Tomou seu nome de são Bento e de Bento XV. Os beneditinos tiveram um ramo chamado "olivetans".

A relação entre os papas e suas sentenças em alguns pode parecer surpreendente, mas em outros só se encaixa com explicações bastante elaboradas. Há também sentenças suficientemente amplas para se ajustar a muitos papas. Por exemplo, todos os papas do século XX tiveram uma "fé intrépida" e foram "pastores angelicais".

Francisco em São Pedro

No mesmo dia em que Jorge Mario Bergoglio foi eleito, desde bem cedo, um estranho personagem vestindo um manto de peregrino, sandálias e um cajado de madeira se ajoelhou junto a uma das fontes na praça São Pedro. Sem pronunciar uma palavra, esse personagem, de barba cheia e desalinhada, começou a orar em silêncio, olhando para o chão (havia se colocado bem em cima de uma das poucas grades de bueiro que cortam a maior praça da cristandade), alheio aos olhares dos curiosos e às fotos dos jornalistas. A caminho do Media Center – onde trabalhavam os jornalistas credenciados para a *sede vacante* e o conclave – eu o encontrei.

Permaneci a seu lado durante uns quinze minutos. Às oito da manhã, a praça São Pedro estava absolutamente vazia. Sozinhos, aquele homem, um fotógrafo da Reuters e este repórter. Ele não moveu um só músculo. Após o espanto inicial, pude me aproximar e escutá-lo murmurar uns versos incompreensíveis. Pouco depois, alguns fiéis se aproximaram, e após bater fotos (ninguém pediu licença, e ele também não deu mostras de notar a presença das pessoas), ajoelharam-se a seu lado e oraram brevemente. Até um alto executivo, ao vê-lo, caiu de joelhos a seu lado, e, com algumas lágrimas, quis rezar a seu lado.

À medida que a manhã avançava os fiéis começaram a se aglomerar em volta de São Pedro, ávidos de curiosidade e esperando para ver se no meio da manhã, por fim, saía a fumaça branca. Não houve fumaça na primeira votação da manhã, e na segunda o que saiu foi uma densa nuvem negra. O ermitão continuava no mesmo lugar, já lotado de gente, no meio de uma forte chuva, a mesma que um mês antes, em 11 de fevereiro de 2013, recebeu a notícia da renúncia de Bento XVI.

Pude vê-lo pela última vez no começo da tarde, antes que, às 19:06h, saísse da chaminé instalada no alto da capela Sistina uma fumaça branca e as dezenas de milhares de fiéis congregados em São Pedro festejassem a eleição do novo papa. Aquele homem continuava ali, na mesma atitude de oração, com os joelhos no pavimento romano, as mãos apoiadas no cajado de madeira e sem prestar atenção, aparentemente, à transformação do entorno e do mundo.

Quando Bergoglio, já e para sempre o papa Francisco, apareceu na sacada de São Pedro, senti a curiosidade de verificar se aquele homem continuava ajoelhado. Mas já não havia ninguém ali.

Curiosamente, na multidão espremida na praça ninguém se atreveu a ocupar o lugar que durante o dia todo havia abrigado aquele estranho personagem.

No dia seguinte, após a publicação da imagem por parte do fotógrafo da Reuters, todos os meios de comunicação começaram a se perguntar quem seria aquele homem. Os mais atrevidos chegaram a afirmar que se tratava, nem mais nem menos, do próprio são Francisco de Assis redivivo, que havia ido ao Vaticano sabendo que o novo papa ia tomar seu nome e reivindicar a pobreza e a humildade em sua primeira saudação ao mundo.

Os corvos e a loteria do novo papa

Como última curiosidade e alento para os amantes das profecias e outras coincidências, cabe ressaltar que Jorge Mario Bergoglio é torcedor confesso do San Lorenzo, o “quinto grande” do futebol argentino e cujos seguidores são conhecidos como “os corvos”, não do *Vatileaks*, e sim de Buenos Aires. São conhecidos por esse nome por conta do apoio que tiveram, no início do século XX, de um sacerdote salesiano, Lorenzo Massa. Dado que o sacerdote usava batina, completamente preta, os seguidores desse time são conhecidos como "Os santos" ou "Os corvos".

Há muitos anos Jorge Mario Bergoglio apoia esse clube, que não mais poderá ver no campo, como costumava fazer durante seus anos como provincial dos jesuítas e, em menor medida, como arcebispo de Buenos Aires. Seu número de sócio é 8.835. Nesse mesmo dia a loteria de Buenos Aires anunciava o bilhete agraciado. O número, sim, não era outro: 8.835. Algum amante da numerologia com certeza hoje está um pouco mais rico. Graças ao papa Francisco. Ou foi tudo uma coincidência e teremos que esperar por Pedro o Romano, ou pelo papa morto. Ou, esperemos que não, pelo fim da cristandade.

De qualquer maneira, amanhece uma nova era para a Igreja. Nas mãos do papa Francisco, do homem Jorge Mario Bergoglio, o primeiro papa americano, o primeiro papa jesuíta. O homem destinado a reformar a cúria, limpar a Igreja e retomar a primavera abandonada do Concílio Vaticano II. O bispo de Roma que aparece sem atributos, pedindo a bênção do povo e desejando uma "Igreja pobre e para os pobres". O fim da Igreja, ou um novo começo?

O tempo dirá. Mas a esperança ressurgiu no meio da noite de 13 de março de 2013 quando, depois de um dia inteiro de intensa chuva, os cardeais elegeram o 266º pontífice da Igreja católica. Talvez o último. Mas, pelo que pudemos viver, e contar, certamente único. A ele, e ao compromisso de milhões de seguidores de Jesus e do Evangelho, nos confiamos. Começa um novo dia.

Epílogo

Um programa de governo: "O verdadeiro poder é o serviço, sobretudo para com os mais fracos"

Francisco já é papa. Já iniciou seu pontificado. Na terça-feira 19 de março, festa de são José, o dia do Padre, o "padre" por antonomásia apresentou-se na praça de São Pedro num jipe aberto e até desceu do papamóvel para beijar um deficiente físico e abençoar várias crianças. Os serviços de segurança vão ter muito trabalho com um papa tão próximo como se mostra Francisco. Um papa direto e humilde, que ao encerrar a sua primeira homilia na praça de São Pedro tornou a pedir a todos: "Rezem por mim".

A atmosfera na praça era de absoluta esperança e alegria. A liturgia, muito mais austera do que em outras ocasiões, é mais um sinal da humildade de Francisco, que continua a portar apenas as vestes absolutamente imprescindíveis. Suas primeiras palavras – seu primeiro "programa de governo" – foram singelas e emocionantes.

Apenas oito minutos falou Francisco, sendo interrompido três vezes pelo povo: quando se referiu a "meu venerado predecessor", Bento XVI, quando falou do exemplo de Francisco de Assis e pediu "respeito por todas as criaturas de Deus e pelo meio em que vivemos" e quando salientou que "o verdadeiro poder é o serviço e também o papa deve ter esse tipo de poder. Sobretudo o serviço aos mais fracos".

Ternura, bondade, confiança, compreensão, amor, as virtudes dos seguidores de Jesus, que não são os fracos, mas aqueles que constroem um mundo melhor. Este foi o pedido de Francisco aos líderes mundiais: "Quero pedir, por favor, a todos aqueles que ocupam cargos de responsabilidade no âmbito econômico, político ou social, a todos os homens e mulheres de boa vontade: sejamos 'custódios' da criação, do desígnio de Deus inscrito na natureza, guardiões do outro, do meio ambiente; não deixemos que os sinais de destruição e de morte acompanhem o caminho deste nosso mundo. Mas, para 'custodiar', também temos de cuidar de nós mesmos. Lembremos que o ódio, a inveja, a soberba sujam a vida. Custodiar quer dizer então vigiar nossos sentimentos, nosso coração, porque é dali que saem as boas e más intenções: as que constroem e as que destroem. Não devemos ter medo da bondade – mais ainda, nem mesmo da ternura."

Francisco utilizou a figura de são José, o pai Jesus, o grande esquecido, junto aos pobres, pela Igreja e pela sociedade. Uma reivindicação de todo justa dos homens e mulheres simples, que trabalham humildemente e em silêncio por uma sociedade e uma humanidade novas, por uma família humana. Porque todos somos responsáveis pela construção do Reino. O papa também, mas não apenas ele: "Nunca esqueçamos que o verdadeiro poder é o serviço, e que também o papa, para exercer o poder, deve entrar cada vez mais nesse serviço que tem seu cume luminoso na cruz; deve voltar seus olhos para o serviço humilde, concreto, rico de fé, de são José e, como ele, abrir os braços para custodiar todo o povo de Deus e acolher com afeto e ternura a toda a humanidade, especialmente os mais pobres, os mais fracos, os pequenos".

Apenas oito minutos para nos ocuparmos da esperança. Palavras valiosas, as melhores para concluir esta crônica de Francisco, o novo João XXIII. O papa do serviço, da ternura, da esperança. O primeiro papa jesuíta. O primeiro papa americano. O papa dos pobres. O papa Francisco.

Texto completo da homilia de Francisco

Queridos irmãos e irmãs

Dou graças ao Senhor por poder celebrar esta Santa Missa de início do ministério petrino na solenidade de são José, esposo da Virgem Maria e padroeiro da Igreja universal; é uma coincidência muito rica em significado, e é também o onomástico de meu venerado predecessor: estamos próximos a ela com a oração, cheia de afeto e gratidão.

Saúdo com afeto aos irmãos cardeais e bispos, aos presbíteros, diáconos, religiosos e religiosas e a todos os fiéis laicos. Agradeço por sua presença aos representantes das outras Igrejas e Comunidades eclesiais, bem como aos representantes da comunidade judia e outras comunidades religiosas. Dirijo uma cordial saudação aos Chefes de Estado e de Governo, às delegações oficiais de tantos países do mundo e ao Corpo Diplomático.

Temos ouvido no Evangelho que "José fez o que o anjo do Senhor lhe ordenara, e recebeu a sua mulher" (Mt 1,24). Estas palavras contêm já a missão que Deus confia a José, a de ser custos, custódio. Custódio de quem? De Maria e Jesus; mas é uma custódia que se estende depois à Igreja, como ressaltou o beato João Paulo II: "Assim como cuidou amorosamente de Maria e se dedicou com gozoso afinco à educação de Jesus Cristo, também custodia e protege seu corpo místico, a Igreja, da qual a Virgem Santa é figura e modelo" (Exhort. ap. Redemptoris Custos, 1).

De que maneira José exerce esta custódia? Com discrição, com humildade, em silêncio, mas com uma presença constante e uma fidelidade total, mesmo quando não compreende. Desde seu casamento com Maria até o episódio de Jesus no Templo de Jerusalém aos doze anos de idade, ele acompanha em todo momento com esmero e amor. Está ao lado de Maria, sua esposa, tanto nos momentos serenos da vida quanto nos difíceis, na viagem a Belém para o censo e nas horas de tremor e regozijo do parto; no momento dramático da fuga para o Egito e na ansiosa busca de seu filho no Templo; e depois, na vida cotidiana na casa de Nazaré, na oficina onde ensinou a profissão a Jesus.

Como vive José a sua vocação de custódio de Maria, de Jesus, da Igreja? Com atenção constante a Deus, aberto a seus sinais, disponível para seu projeto, e nem tanto ao próprio; e é isso que Deus pediu a Davi, como temos escutado na primeira leitura:- Deus não quer uma casa construída pelo homem, mas a fidelidade à sua palavra, ao seu desígnio; e é o próprio Deus quem constrói a casa, mas com pedras vivas marcadas por seu Espírito. E José é "custódio" porque sabe escutar a Deus, deixa-se guiar pela vontade dele, e justamente por isso é ainda mais sensível às pessoas que lhe foram confiadas, sabe como ler os acontecimentos com realismo, está atento àquilo que o circunda e sabe tomar as decisões mais sensatas.

Nele, caros amigos, vemos como se responde ao chamado de Deus, com disponibilidade, com presteza; mas vemos também qual é o centro da vocação cristã: Cristo. Zelemos por Cristo em nossa vida, para zelar pelos demais, salvaguardar a criação.

Mas a vocação de custodiar não incumbe apenas a nós, os cristãos, pois ela tem uma dimensão anterior e que é simplesmente humana, corresponde a todos. É custodiar toda a criação, a beleza da criação, como nos diz o livro do Gênesis e como nos mostra são Francisco de Assis: é ter respeito por todas as criaturas de Deus e pelo meio em que vivemos. É custodiar as pessoas, preocupar-se com todos, com cada um, com amor, especialmente pelas crianças, os anciãos, que são mais frágeis e que amiúde ficam na periferia de nosso coração.

É preocupar-se um com o outro na família: os cônjuges se guardam reciprocamente e depois, como pais, cuidam dos filhos e, com o tempo, também os filhos se tornarão cuidadores de seus pais.

É viver com sinceridade as amizades, que são um recíproco proteger-se na confiança, no respeito e no bem. No fundo, tudo está confiado à custódia do homem, e é uma responsabilidade que atinge a todos nós. Sede custódios dos dons de Deus.

E quando o homem falha nesta responsabilidade, quando não nos preocupamos com a criação e com os irmãos, então a destruição avança e o coração fica árido. Infelizmente, em todas as épocas da história existem "Herodes" que urdem planos de morte, destroem e desfiguram o rosto do homem e da mulher.

Quero pedir, por favor, a todos aqueles que ocupam cargos de responsabilidade no âmbito econômico, político ou social, a todos os homens e mulheres de boa vontade: sejamos "custódios" da criação, do desígnio de Deus inscrito na natureza, guardiões do outro, do meio ambiente; não deixemos que os sinais de destruição e de morte acompanhem o caminho deste nosso mundo. Mas, para "custodiar", também temos de cuidar de nós mesmos. Lembremos que o ódio, a inveja, a soberba sujam a vida. Custodiar quer dizer então vigiar nossos sentimentos, nosso coração, porque é dali que saem as boas e más intenções:as que constroem e as que destroem. Não devemos ter medo da bondade – mais ainda, nem mesmo da ternura.

E aqui acrescento uma ulterior observação: o ato de preocupar-se, de custodiar, demanda bondade, pede ser vivido com ternura. Nos evangelhos são José aparece como um homem forte e corajoso, trabalhador, mas em cuja alma se percebe uma grande ternura, que não é a virtude dos fracos, pelo contrário: ela denota fortaleza de ânimo e capacidade de atenção, de compaixão, de verdadeira abertura para o outro, de amor. Não devemos ter medo da bondade, da ternura.

Hoje, juntamente com a festa de são José, celebramos o início do ministério do novo bispo de Roma, sucessor de Pedro, que im-

plica também um poder. Certamente, Jesus Cristo deu um poder a Pedro, mas de que poder se trata? Às três perguntas de Jesus a Pedro sobre o amor, segue-se o triplo convite: Apascenta meus cordeiros, apascenta minhas ovelhas. Nunca esqueçamos que o verdadeiro poder é o serviço, e que também o papa, para exercer o poder, deve entrar cada vez mais nesse serviço que tem seu cume luminoso na cruz; deve voltar seus olhos para o serviço humilde, concreto, rico de fé, de são José e, como ele, abrir os braços para custodiar todo o povo de Deus e acolher com afeto e ternura a toda a humanidade, especialmente os mais pobres, os mais fracos, os pequenos; o que Mateus descreve no juízo final sobre a caridade: ao faminto, ao sedento, ao forasteiro, ao nu, ao doente, ao prisioneiro (cf. Mt 25,31-46). Só quem serve com amor sabe custodiar.

Na segunda Leitura, são Paulo fala de Abraão, que "apoiado na esperança, acreditou, contra toda esperança" (Rm 4,18). Apoiado na esperança, contra toda esperança. Também hoje, diante de tantos cúmulos de céu cinzento, temos de ver a luz da esperança e dar esperança, nós próprios. Custodiar a criação, cada homem e cada mulher, com um olhar de ternura e de amor; é abrir uma fresta de luz em meio a tantas nuvens; é levar o calor da esperança. E, para o crente, para nós, cristãos, como Abraão, como são José, a esperança que levamos tem o horizonte de Deus, que se abriu para nós em Cristo, está fundada sobre a rocha que é Deus.

Custodiar Jesus com Maria, custodiar toda a criação, custodiar todos, especialmente os mais pobres, custodiarmos a nós próprios; eis um serviço que o bispo de Roma é chamado a desempenhar, mas para o qual todos estamos convocados, para fazer a estrela da esperança brilhar: protejamos com amor o que Deus nos deu.

Imploro a intercessão da Virgem Maria, de são José, dos Apóstolos são Pedro e são Paulo, de são Francisco, para que o Espírito Santo acompanhe meu ministério, e a vós todos digo:

Orai por mim. Amém.